国際大学公開講座 講演会／シンポジウム

「復帰」50年とこれからの沖縄経済

地域とともに沖縄の未来を考える

沖縄国際大学は地域に根ざした大学として、シンポジウムを開催します。
本シンポジウムは２部構成です。第１部では、本学経済学部経済学科教員らが沖縄振興50年とその効果および沖縄経済の現在地について講演します。第２部では、沖縄経済に精通した県内のトップリーダーをお招きして、会場のみなさまとともに沖縄経済の未来についてパネルディスカッションを行います。

定員 100名

webより 要・事前申込

受講無料

来場型開催

2022年 12/17（土）

14:00～16:30
（開場·受付 13:30～）

沖縄国際大学７号館２階 7-201教室

第１部 講演 「復帰」50年と沖縄経済の現在地

- 宮城和宏／沖縄振興50年
- 比嘉正茂／沖縄振興予算の経済効果
- 名嘉座元一／県民の生活と意識の変化

第２部 パネルディスカッション 沖縄の未来を考える

【座　長】宮城和宏（沖縄国際大学経済学部経済学科教授）
【パネリスト】比嘉正茂（沖縄国際大学経済学部経済学科教授）
名嘉座元一（沖縄国際大学経済学部経済学科教授）
村上了太（沖縄国際大学経済学部長·同学部経済学科教授）
【特別ゲスト】安里昌利（那覇空港ビルディング株式会社代表取締役社長／元株式会社沖縄銀行取締役頭取·会長／元沖縄国際大学理事·評議員）

【総合司会】鹿毛理恵（2022年度沖縄国際大学公開講座委員長／沖縄国際大学経済学部経済学科准教授）

■新型コロナウイルス感染拡大防止対策として、受付時に検温と手指消毒、座席の指定を行います。
■新型コロナウイルス感染症の感染拡大状況が悪化した場合、オンライン開催へ切り替える可能性があります。
■詳細および変更については本学ホームページにてお知らせいたします。

※受講申込は、本学webサイトより
【申込期限：12月13日（火）まで】
▶ https://www.okiu.ac.jp/extension_lecture/lecturemeeting

主催 沖縄国際大学公開講座委員会

お問い合わせ 沖縄国際大学事務局広報課 〒901-2701 沖縄県宜野湾市宜野湾 2-6-1
TEL：098-892-1111（代表） URL：https://www.okiu.ac.jp/

はしがき

沖縄国際大学は「地域に根ざし、世界に開かれた大学」をめざし、教育・研究活動の成果を広く地域社会に還元し、地域文化の向上に貢献することを重要な使命の一つに掲げている。高齢化、高学歴化で生涯学習ニーズが高まるなか、開かれた大学としての使命をもって、地域のニーズに応えられる多様な講座を企画し、地域社会との新たな交流の場を提供するために公開講座を開催している。

このたび、沖縄国際大学公開講座の講演会を一四年ぶりに開催することができた。とくに沖縄国際大学公開講座講演会としてシンポジウム形式で実施したのは約二〇年ぶりのことである。本ブックレットは二〇二二年一二月一七日（土）に開催した『「復帰」50年とこれからの沖縄経済―地域とともに沖縄の未来を考える』での講演会シンポジウムの内容に加筆修正を加えた刊行本である。本シンポジウムは、同年七月三〇日から一〇月八日までの期間に本学経済学部経済学科教員一〇名が『「復帰」50年と沖縄経済』をテーマに「うまんちゅ定例講座」（刊行本『沖縄国際大学公開講座32「復帰」50年と沖縄経済』）を実施したものからのスピンオフ的企画であり、沖縄振興五〇年の展開とその経済効果に内容を絞って、県内経済に精通した安里昌利氏をお招きして開催することにした。本シンポジウムは三年目となったCOVID-19感染症予防対策に追われるなか来場型で開催している。

さらに本学は創立五〇周年を迎えた重要な年でもあった。沖縄国際大学創立三〇周年記念シンポジウムを記録した沖国大ブックレット№10（二〇〇三年発行）「はしがき」では、公開講座委員長をつとめられた沖縄国際大学名誉教授遠藤庄治先生が、一九七二年五月一五日の復帰前に沖縄国際大学が創立した日（二月二五日）以降の当初の様子を次のように回想されていた。

本学は祖国復帰直前の混沌とした沖縄の社会状況の中で創立された。本学が歩んだ軌跡は、決して平坦なものではなかった。開学に先立つ第一回の教授会は、真栄原十字路の角にあった銀行の屋上であり、第一回の入学式は、嘉数中学校の体育館を借用して行った。教室が一棟もなく、すぐには講義を開始することができず、にわか造りのプレハブ校舎で講義が開始されたのは五月の中旬のことであった・・・

創立当初からすると沖縄国際大学の施設は地域の協力も得ながら拡充することができ、こうしてシンポジウムを開催して刊行本を発刊できている。その間に二〇〇四年八月一三日には米軍ヘリコプターが本学施設内に墜落するという事件もあった。今なお本学は教育研究環境の面で普天間航空基地のヘリコプターや航空機の騒音に悩まされている。また、周辺地域も騒音や水質汚染などによる住環境への悪影響の問題を抱えている。こうした政治的課題は残されたままである。それでも本土との格差是正のために復帰後にはじまった沖縄振興計画によってそれなりの成果を残すことはできたのではないか。本シンポジウムはこの五〇年間の沖縄経済を振り返り、現在地の確認作業を通じて、未来に向けて私たちが取り組むべき課題は何かを示唆することができたと私は評価する。

最後に、今回の公開講座の企画について、講演および座長として登壇された宮城和宏先生からは貴重なご助言をいただくことができた。また、本学広報課と編集工房東洋企画のみなさまより、運営と出版について多大なご協力をいただいた。感謝の意を表したい。

二〇二二年度沖縄国際大学公開講座委員長　鹿毛理恵

沖国大ブックレット№.15

「復帰」50年とこれからの沖縄経済
―地域とともに沖縄の未来を考える―

※役職はシンポジウム開催当時。本文はシンポジウム報告の順序で編集。

沖縄振興50年

沖縄国際大学経済学部経済学科教授　宮　城　和　宏

沖縄振興というのは沖縄振興特別措置法に基づいて行われ、その第一条に目的が書いてあるが、意外とその内容を知らない方が多いのではないかと思う。図1を見ると、まず、特殊な事情があるので振興すると書いてある。方法については、政府が沖縄振興基本方針を策定して、それに基づいて県が振興計画をつくる。その時に重要なことは、沖縄の自主性を尊重し、それに基づいて計画を実施していくということ。沖縄振興は本当に今そのとおり、つまり目的どおり行われているかどうか、そういうことを一緒に考えていきたいと思う。

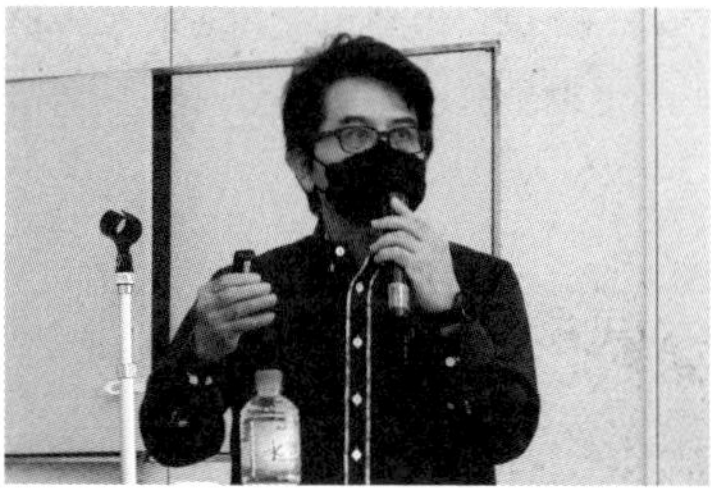

まず、特殊事情とは何かだが、一番目が地理的事情である（図2参照）。地理的事情もいろいろあると思うが、これはどちらかというと沖縄の地理的なマイナス面を書いている。離島が多くあり、沖縄島自体も本土から離れ離島化している。こういう地域は他にはない。長崎県も離島が多いが、基本的に九州の一部である。沖縄の場合、全体が離島という地理的な事情がある。

歴史的な事情は、一言でいえば沖縄戦とその後の米軍統治のこと。その結果として社会的事情が生まれ、国土面積の〇・六％に七〇・三％の米軍基地があり、

図１　沖縄振興特別措置法にみる沖縄振興の目的は？

沖縄振興特別措置法　第1章総則（目的）第1条

「この法律は、**沖縄の置かれた特殊な諸事情**に鑑み、沖縄振興基本方針を策定し、及びこれに基づき策定された沖縄振興計画に基づく事業を推進する等特別の措置を講ずることにより、**沖縄の自主性を尊重**しつつその総合的かつ計画的な振興を図り、もって沖縄の自立的発展に資するとともに、沖縄の豊かな住民生活の実現に寄与することを目的とする」

図２　沖縄の特殊事情とは？

①地理的事情：

・東西1,000km、南北400kmの広大な海域に多数の離島が点在、本土から遠隔

➡離島が点在、沖縄全体が本土から遠隔な「離島」

②歴史的事情：

・先の大戦における苛烈な戦禍（沖縄戦）

・戦後四半世紀余りにわたり我が国の施政権外にあったこと（米軍統治下）等

③社会的事情：

・国土面積の0.6％の県土に在日米軍専用施設・区域の70.3％が集中。脆弱な地域経済

➡負の外部効果（都市機能・交通・土地利用・環境汚染）、高い機会費用

出所：内閣府 HP 等より

いろいろな高い機会費用を払っている。都市機能、交通、土地利用の問題に加えて、最近はＰＦＯＳ・ＰＦＡＳの問題など、いろいろなマイナスの外部効果が発生している。そのため沖縄振興が行われるということになると思う。

　では、具体的に地理的事情の現在がどうなっているかを示したのが図３になる。コインの表と裏として、先ほどの地理的事情を書いている。本土から離れているということは、輸送コストが高いことを意味する。需要地・本土へのアクセスにコストがかかってしまう。それでなかなか輸出が増えないため、県内企業の市場が県内に限定される。つまり、本土に輸出できないので大量生産できない。普通、本土にある企業ならば、陸路でつながっているため、大量生産をして輸送し販売していく。その中で規模が拡大して生産性が上がっていくパターンがあるけれど、沖縄の場合は「規模の経済」を発揮できない。なぜかというと県内市場に限定されているから。約一四〇万人市場に限定されるので製造業がなかなか成立しづらい。そういう部分がある。これが低生産性の背景だ。そ

図３　地理的事情：コインの表裏

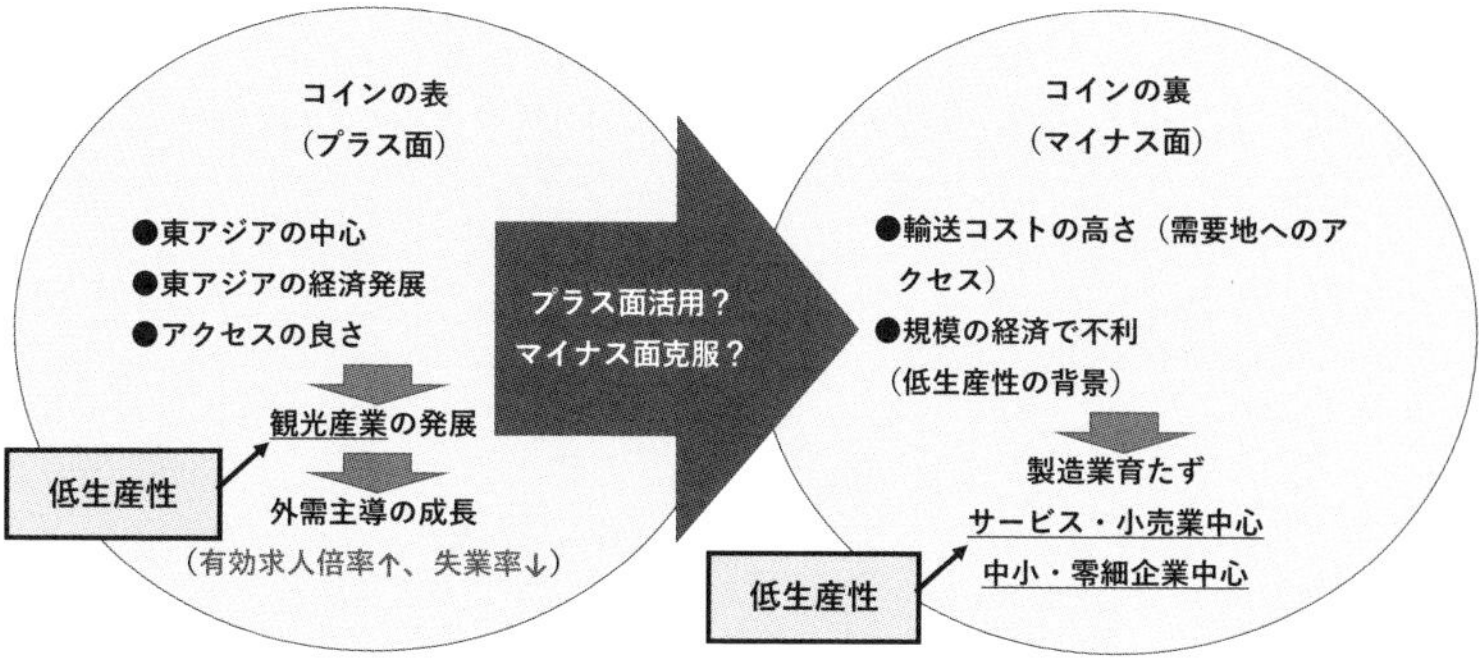

出所：筆者作成

の結果、製造業がなかなか育たず、サービス業や小売業が中心になり、しかも企業規模が小さくなってしまう。こういう分野は製造業と比べると生産性が低い。生産性が低いと賃金もなかなか上がらず所得も低いという構造的な要因がある。

代わりにコインの表では、少し視点を変えて地図で見ると、本土から遠いけれども、沖縄はアジアの中心にあって、しかもアジアが発展している。最近アクセスもどんどん良くなっている。そのため、製造業は育たなかったけれども観光業が育っている。観光業は外から需要が入ってくるため、サービス輸出のような部分がある。入域観光客数が増えて県内で消費するため、外需主導の成長となる。それに対応したかたちで県内外からの投資が増えて、投資が増えると雇用が拡大する。雇用が拡大すると有効求人倍率が上がって失業率が下がり、その分だけ所得も増える。所得増により内需も拡大して、外需も内需も拡大してくると、今度はまたさらに投資が増えていくという拡大循環メカニズムが発揮される。こういう外需主導の成長がコロナ禍前の沖縄の状態だった。最近またこれが回復しつつあると思う。

ただし、この観光業はいいことばかりではなくて、実は低生産性という特徴を持つ。これも観光業の課題だが、基本的に対個人サービス業が中心になっている。宿泊や飲食サービスの特徴は、生産と消費が同時に行われることにある。製造業の場合は生産して在庫もあり、それは輸出して販売できるが、対個人サービスは、客が来てはじめて生産が始まり消費も同時に行われるという特徴を持つ。人と人との直接的な接触が前提となる。

製造業との違いは在庫というバッファーがない。しかも沖縄の場合、季節によって入域観光客数が一定ではない。需要が変動する。その結果、稼働率、ホテルの客室稼働率とか、飲食店の客席稼働率とかに直結する。稼働率が安定しないということは年間を通して付加価値が安定せず生産性が上がりにくい。しかも対個人サービスは、最近は前よりは進んでいるけれど、製造業に比べると機械化による生産性向上力が弱い。ということで、年間を通して需要に偏りがあると、稼働率が不安定で付加価値がなかなか安定せず、結果として非正規雇用になってしまう構造的な要因がある。需要の偏り、これをいかにして平準化していくかという課題を持っている。

県内の非正規労働者の割合を見てみよう。図４は県内で非正規労働者割合の高い上位四業種を示したものだが、これから分かるように、女性はいずれにしてもあらゆる業種で非正規率が高い。業種の中では特に「宿泊・飲食サービ

図４　県内の非正規労働者割合上位４業種（%）

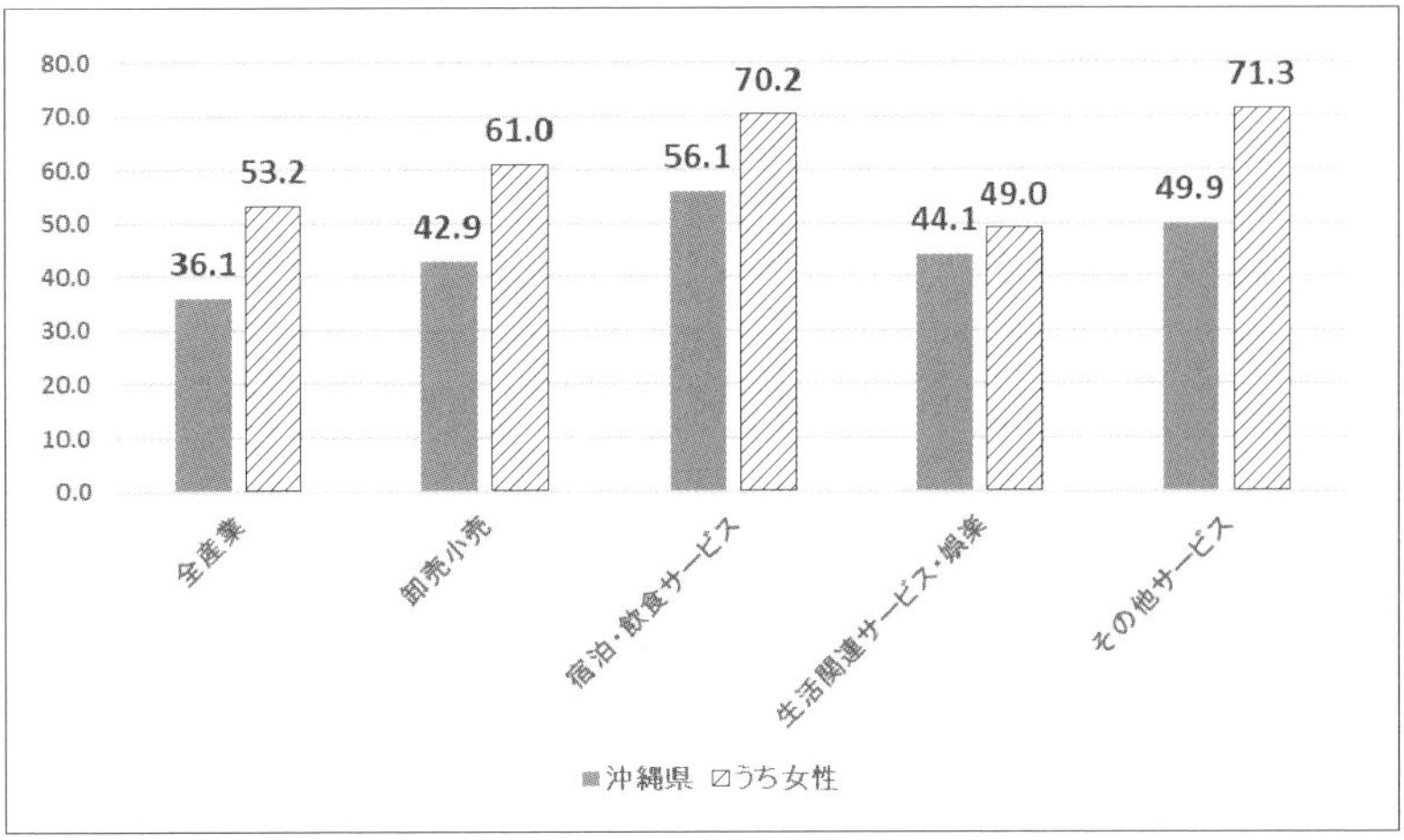

出所：「平成29年就業構造基本調査」より作成

ス」が断トツで高い。その次に「その他」、「生活関連サービス」となる。県内の就業者の割合をみていくと、第三次産業が八割以上で、このトップ四業種で第三次産業の中の四割強ぐらい、全体では三割強ぐらいを占める。

この非正規雇用の問題は、何が悪いかというと、一番特徴としていわれるのは、安く雇いたいということで、投資をあまりしないということだ。訓練投資が抑制されるのでスキル向上が図れない。経済学でいえば人的資本の蓄積をはかりにくい部分がある。よって人的資本の陳腐化が起こりやすくて、生産性も上がりにくい。生産性が上がらないと賃金も上がりにくいという負のサイクルになりやすい。

正規に比べて低賃金だけでなく不安定雇用になる。福利厚生も享受できず、正社員になれない非正規が多い。若い時はいいけれど、年齢が上がるとどんどん格差が出てくる。正規社員はどんどん賃金が上がって、年功序列で上がっていくけれど、非正規の場合はあまり変わらず格差が生まれる。時間が経過するほど転職が困難になり、賃金格差が年とともに拡大して賃金格差が所得格差につながっていく。

先ほどのデータを見て分かるように女性の非正規の割合が高い。ということで非正規問題は男女間格差を悪化させる。母子家庭で非正規で働いている場合は、どうしても貧困の問題とか、低い一人当たりの所得の問題とか、そういうものにつながりやすい。ここでもやっぱり構造的な問題を抱えていることになる。これが地理的な条件や事情から出てくる問題である。

次に、特殊事情の歴史的事情、社会的事情の話だが、先ほども言ったように現在の基地問題は、沖縄戦があって米軍統治があって、その結果、米軍基地に関して全国で沖縄の占める割合が今七〇・三%という結果となっており、②と③（歴史的事情と社会的事情）はつながっている。これは本来、解決すべき特殊事情の一つとして、沖縄振興特別措置法上、位置づけられているので、基本的に基地縮小に向かう必要がある。ところが、どちらかというと基地縮小に向かうのではなく、無理矢理米軍基地を沖縄に置き続けるための補助金政策が強化されている。「補償型政治」と呼ぶが、そういう展開に最近はなっている。きっかけは、一九九五年の米軍人による少女暴行事件。これを契機として補償型政治を進めるための様々な補助事業が立ち上がっている。図５はその経緯を示しているが、現在は、北部振興事業、沖縄振興一括交付金、沖縄離島活性化推進事業、沖縄振興特定事業推進費が継続している。

これらにどういう違いがあるのかというと、例えば、よく出てくる一括交付金は、沖縄振興特別措置法に明記されている法律補助にあたる（図６参照）。国が予算額を決めると、その中で県と市町村がルールと話し合いをもとに協力して一緒に運営するという類いのものが一括交付金だ。

図５　②歴史的事情、③社会的事情と主な県・市町村向け補助事業の進展

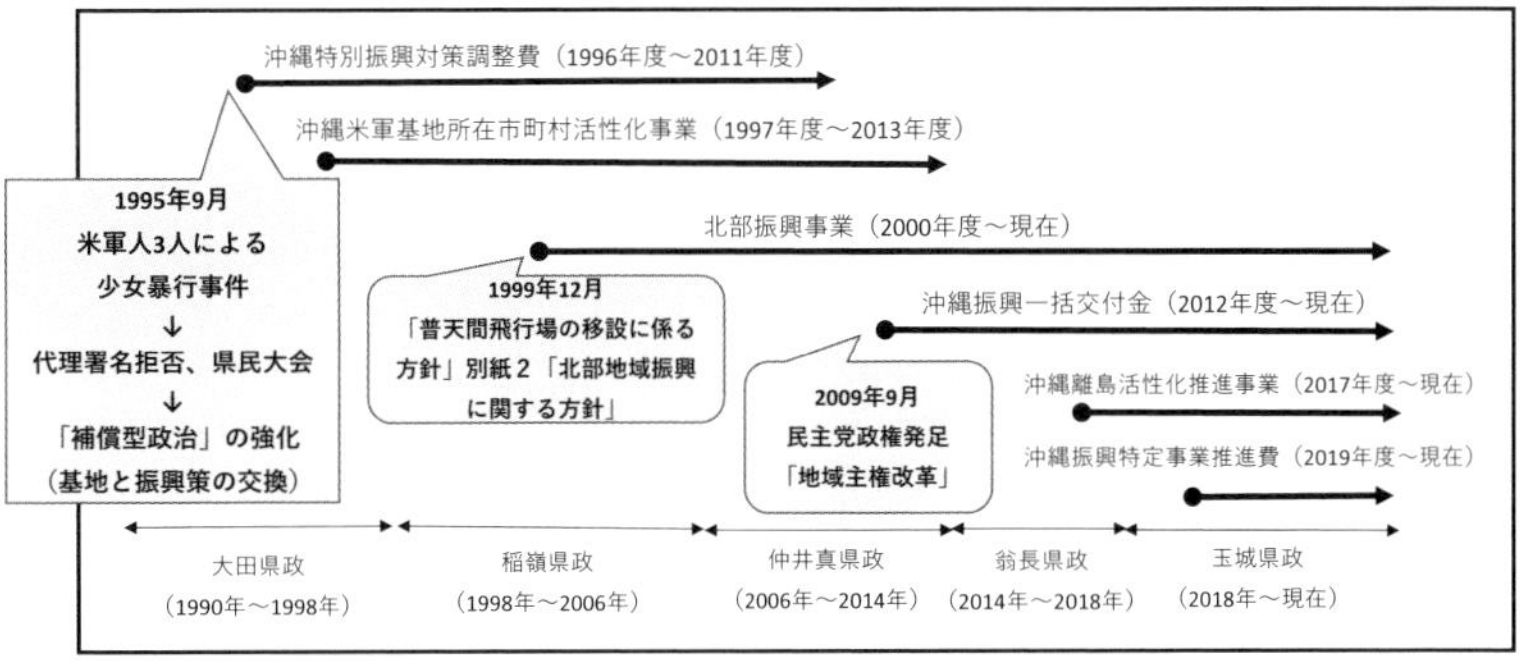

注：スケールは厳密なものではない。
出所：筆者作成

図6　補助事業の交付根拠と交付方法の関係

		補助金の交付根拠	
		法律補助（沖振法に根拠）	予算補助
交付方法	国→県→市町村	沖縄振興一括交付金 （沖振法上の「沖縄の特殊事情」「沖縄の自主性尊重」を最も象徴）	沖縄特別振興対策調整費 （特別調整費）
	国→市町村 （県をバイパス）	なし	島田懇談会事業 北部振興事業 沖縄離島活性化推進事業 沖縄振興特定事業推進費

出所：筆者作成

それに対して、少女暴行事件以降、市町村向けの補助事業が多く立ち上がり、最近はその内この三つ（北部振興事業、離島活性化推進事業、沖縄振興特定事業推進費）が残っているが、特徴は沖振法に明記されていない予算補助事業ということである。沖振法の改正により、「努力義務」という一言が入ったが、基本的に予算補助事業である。一方、一括交付金事業は、特別措置法に法律補助ということで明記され、本来、優先度が高いはずである。だが、最近は、沖振法に書いてあり、沖縄の特殊事情と沖縄の自主性尊重を最も象徴する一括交付金ではなく、県をバイパスして直接国の裁量で市町村に分配していく予算補助事業がどんどん存在感を増してきているのが現状かと思う。

金額としてはまだ一括交付金が多いが、ピーク時の一七〇〇億円ぐらいから、今一〇〇〇億円ぐらい減らされて七〇〇億円台ぐらいになっている。一方、予算補助事業は額としてはそこまで多くないが、着実に増え続けている。そういう流れがあるのでインパクトがだいぶ違う。政治的な重みがだいぶ変わってきている。

それぞれの補助事業の事業内容を示したのが図7である。中身

図7　ソフト一括交付金事業（法律補助事業）vs. 予算補助事業

	法律補助（沖振法に明記）	予算補助事業（沖振法上の根拠なし）		
	沖縄振興（ソフト）一括交付金 （国→県→全市町村）	北部振興事業 （国→北部市町村）	沖縄離島活性化推進事業 （国→離島市町村）	沖縄振興特定事業推進費 （国→全市町村）
事業内容（事例）	（投資的経費） ・国際物流拠点整備事業 ・観光情報発信拠点施設整備事業等	（投資的経費） ・農業施設整備事業 ・スポーツ振興施設整備事業等	（投資的経費） ・観光交流基盤整備事業 ・スポーツ振興施設整備事業等	（投資的経費） ・第一牧志公設市場整備事業 ・沖縄アリーナ整備事業等
	（経常的経費） ・待機児童対策事業 ・就職支援事業 ・誘客イベント推進事業等	（経常的経費） ・各種調査事業 ・人材育成事業 ・企業誘致促進事業 ・周遊バス創出事業	（経常的経費） ・特産品販路拡大支援事業 ・ドローン活用物資輸送実証事業 ・空き家活用事業	（経常的経費） ・「おきなわの歴史文化体験」周遊促進事業 ・「古琉球・近世琉球」周遊促進事業（誘客・PR）

出所：筆者作成

はいずれも基本的に投資的な経費、経常的な経費の二つである。施設整備事業とか、ソフト事業とかある。どの事業でも、投資的なものとソフト的なもの両方をやっており、内容に大差はない。あえて予算補助事業を立ち上げる必要はなく、全部一括交付金でやっていいのではないか。沖縄振興特定事業推進費には、機動性要件とか、そういう特殊な要件があったりするけれど、必要であればそういうものも一括交付金に盛り込めば、十分一括交付金で対応できる類いのものを、敢えて新しい補助事業を立ち上げてやっているという感じがする。

さらに、図8より制度の透明性、公平性、平等性でも違いがみられる。一括交付金とそれ以外の事業を見ていくと、一括交付金は予算配分は政府の権限で決められるが、予算が決まった後は県と市町村がルールに基づいて、話し合い配分していく。非常に民主的で透明度が高く、平等性も高い。しかも事業の評価、成果、そういうものは全部公表することになっている。制度の透明度が高い。一括交付金については県のホームページを見れば、どんなことが行われ、どういう評価がされているかが分かる。個別の評価シートまであって、結構詳しく公表されている。

図8　ソフト一括交付金（法律補助）vs. 予算補助事業

	ソフト一括交付金事業	その他の予算補助事業
①制度の透明性・公平性・平等性	○ ・事後評価の**公表義務あり** ・予算枠配分：沖縄振興会議・市町村協議会での**ルールと話合い**	× ・事後評価の**公表義務なし** （国民への説明責任は？） ・予算枠配分は**政府裁量**
②抜け駆けのインセンティブ	×	○
③県と市町村の協力関係	○	×
④県と市町村の分業関係	○ （広域・規模の経済・専門性：県）	×

出所：筆者作成

それに対して、一括交付金以外の事業は、どこへ行ってもそういうものはなかなか探せない。県と市町村の協力関係については、一括交付金は非常に協力関係が重要なのに対して、予算補助事業は、予算枠配分が政府の裁量なので、他の市町村と協力する必要がない。そういう意味で抜け駆けのインセンティブが高い。自分だけ多く取ったほうが得。相手のこと、他の市町村のことは構わないから、とにかく足りない予算を取りにいこうみたいになる。

それに対して、一括交付金というのは協力体制でやっていくので、抜け駆けのインセンティブがない。県と市町村の分業関係をみても、一括交付金は広域性、規模の経済、専門性が必要な事業は県が担当する等の分業体制があるが、予算補助事業にはそれがない。制度としては一括交付金のほうがどう見ても優れている。だが、毎年度、予算補助事業への予算配分がどんどん拡大しているというのが実態かと思う。

図9より、予算枠配分の状況をみると、一括交付金は市町村間で割と均等に分けられ、特別枠は広域性の事業とかそういうものに使われる（一括交付金の大幅な減額により二〇二二年度、二〇二三年

図9　2021年度・ソフト一括交付金の市町村配分割合（%）

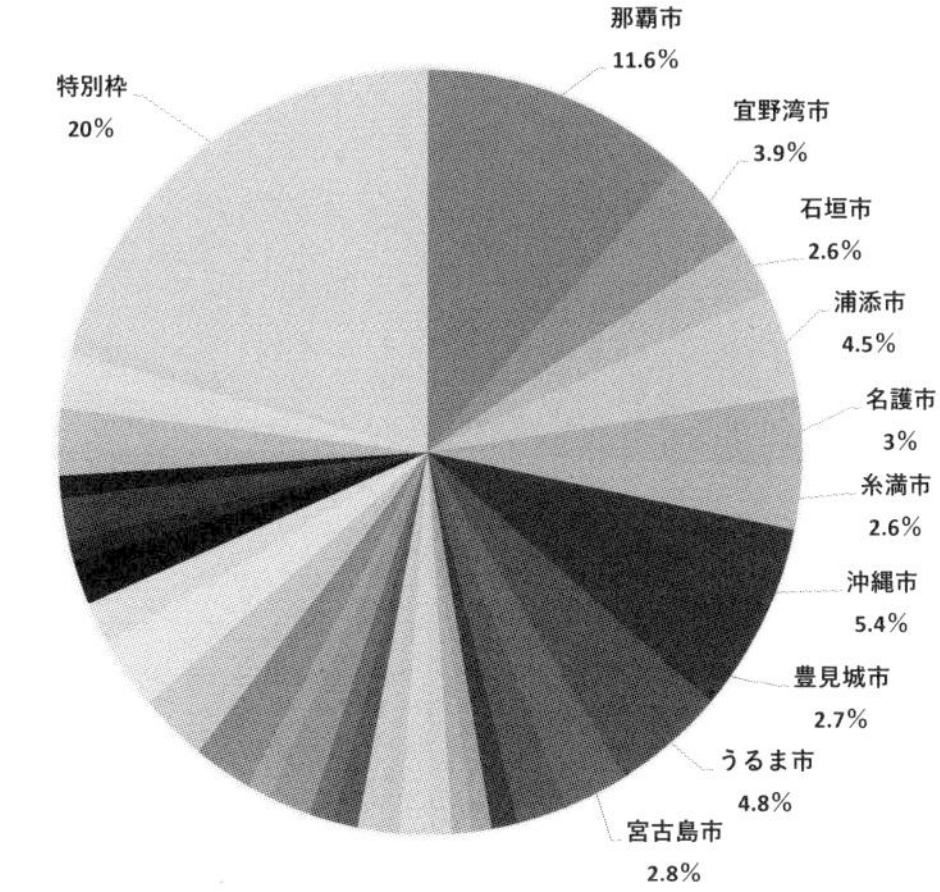

出所：沖縄県町村会『自治おきなわ』2021年4月号、No.460、pp.12-15より作成

図10　沖縄振興特定事業推進費交付決定額の市町村別配分（%）

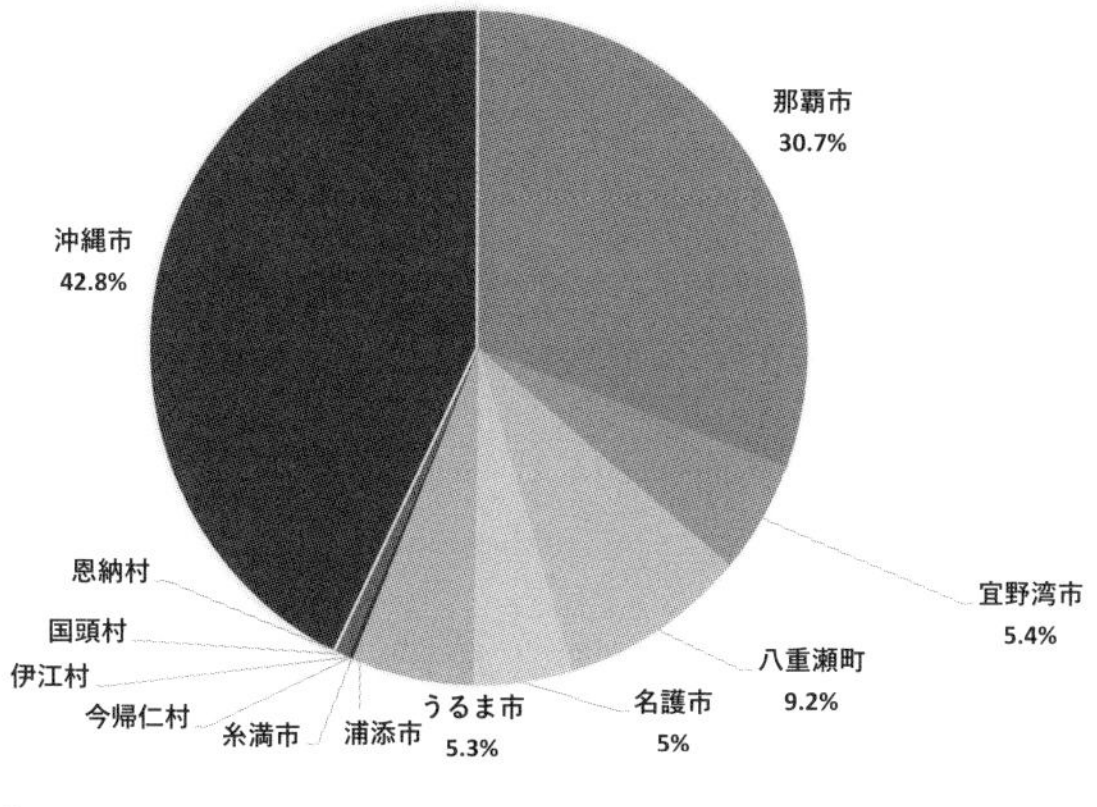

出所：内閣府「沖縄振興特定事業推進費補助金の交付決定について」（2019年度第1回～2021年度第2回）より作成

度の「特別枠」は休止になった)。それに対して、図10より、沖縄振興特定事業推進費などは非常に市町村間の配分が悪い。29市町村は、全く配分を受けていない。だから、一括交付金以外の予算補助事業がどんどん増えると、「抜け駆けのインセンティブ」もあり補助事業の政治化がどんどん進んでいく。県と市町村、市町村間の協力関係が崩壊していく。そういうことが予想される。

最後に今日の要点を二点確認したい。まず地理的事情から、もともと製造業を育成していこうという話であったが、それがなかなか育たなくて観光業、第三次産業が発展して、その結果、非正規雇用、低生産性、低賃金という問題が生まれている点。

二番目には、歴史事情と社会的事情で、本来は基地縮小のかたちで進めるべきだが、そうではなくて「補償型政治」の強化として展開している点。沖縄振興予算が政治化して県、市町村間の協力関係が毀損されて分断され政治化され、予算配分が歪むようになる。そういう状況がある。それが成長につながるかどうか。沖振法上の「県の自主性尊重」というのは本来、県の裁量を拡大していって、自分でコントロールできる部分を増やす方向に進むべきはずだが、そうはならず、「自律」は進展していない。そういう状況があると思う。

よって、現在は毎年度の観光による外需と振興予算などの公的需要が主導する成長がメインだが、今後はどうやってそれを乗り越えて生産性主導の成長を展開していくか。これが沖縄経済の大きな課題になっていると思う。

沖縄振興予算の経済効果

沖縄国際大学経済学部経済学科教授　比　嘉　正　茂

今日話したい内容は二つある。最初は沖縄の振興予算の枠組みという大枠の話を前半にしたい。二番目は沖縄振興予算の経済効果である。一番目の振興策と振興予算の枠組みを整理した上で、沖縄振興予算を「見える化」したいというのが、ここ数年の私の研究テーマになっている。

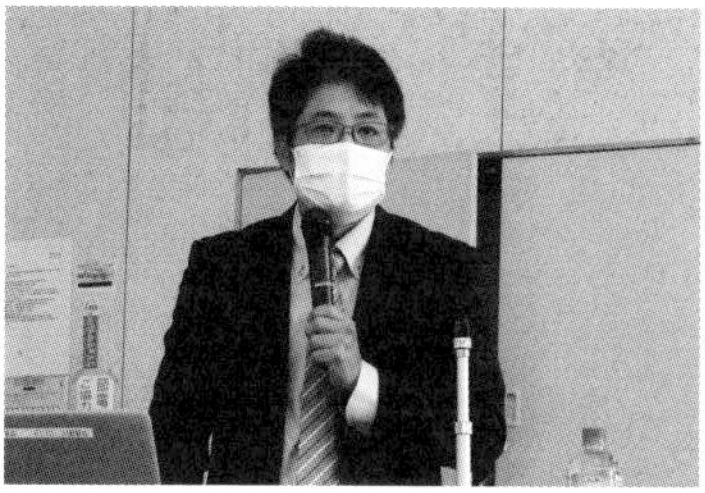

振興予算の「見える化」とは何かというと、本土復帰から五〇年、振興予算が毎年度計上されているが、どういう効果があって、あるいはどういう使い道で、費用対効果の面も含めて、五〇年でどういう成果をあげてきたのかというところについて、少し「見える化」が足りなかったのではないかと感じる部分が私の中にあるので、今日のこの講座の内容もそこをメインにいきたいと思う。

先ほど宮城先生から説明があったので、沖縄の振興策の大まかな流れについては少し端折りたいと思う。まず、日本の地域振興策があって、その中で沖縄が一九七二年に本土復帰という流れになる。では、日本の地域開発、沖縄でいえば沖縄振興計画に相当する日本版はどうだったか。今皆さんが見ているスライド図1がそれにあたるが、一九六二年以降、全国総合開発計画といわれる、

図１　わが国の地域振興策

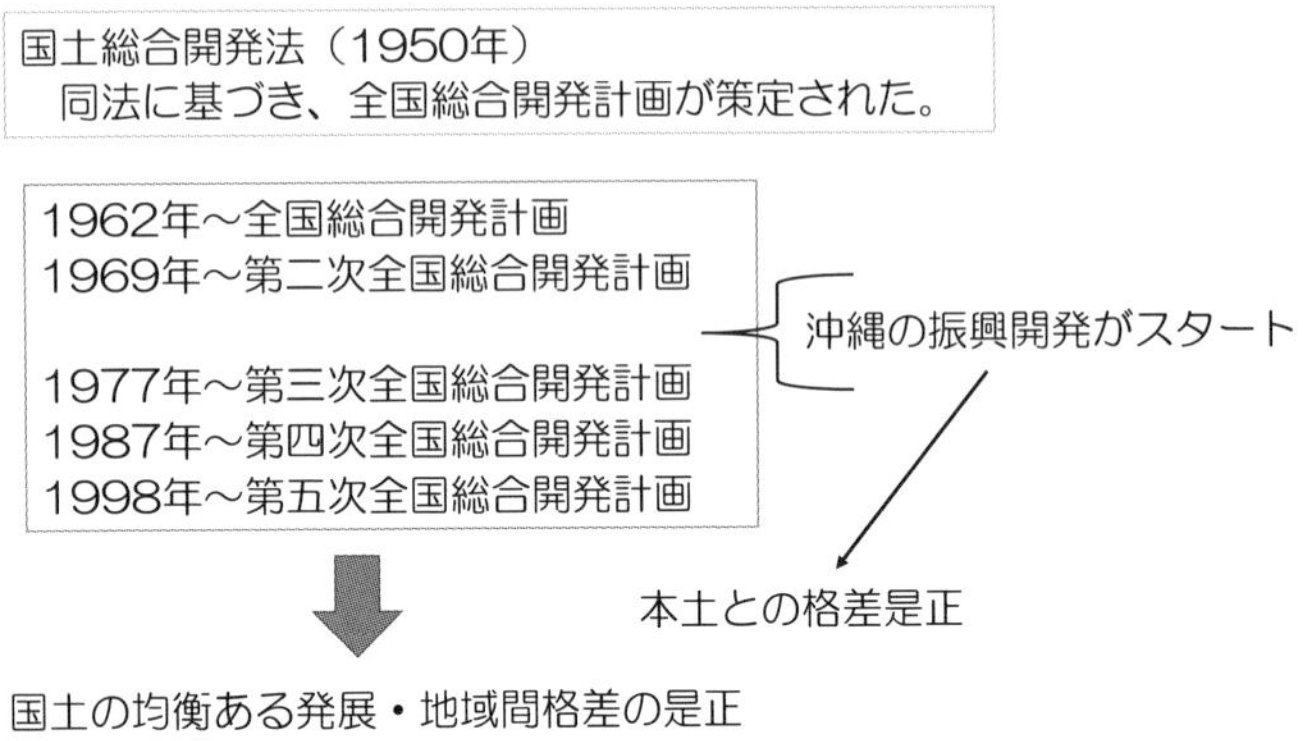

日本の地域振興策を規定する計画が第一次、第二次と実施されていく。その中で、日本全体の地域振興策は、地域間格差の是正や国土の均衡発展が主な目標であり、キーワードは何かと言われれば、地域間格差の是正だ。「東京一極集中をどうやって是正するのか」という話をずっと地域振興策の中でやってきた。

今日の新聞にも、東京一極集中を是正するという記事があったけれども、まさにそれは戦後の地域振興策そのもの。ずっとその課題の中で地域間格差をどうやって是正するかということをやってきた。

沖縄の場合には、先ほどの宮城先生の話にあったように、沖縄の特殊事情ということで沖縄の振興策がスタートしていく。全国的に地域間格差を是正するというキーワードのもとで日本の地域振興策が実施されたので、沖縄県が日本に復帰した時にもこの流れでいくと、本土との格差是正がキーワードになる。

大まかにまとめると、七〇年代から九〇年代までの沖縄振興開発計画は第一次から第三次にあたり、この時期のキーワードは格差の是正だった。本土との格差是正。つまり経済的に遅れた地域の沖縄をどうやって所得格差を中心に社会基盤の格差とか、諸々の格差を是正するかというのが第三次までの計画になる。

二〇〇〇年代以降になると、沖縄の立ち位置が少し変わってくる。今まで経済的にどちらかというと遅れていて、全国平均に近づくというキャッチフレーズだったものが、沖縄経済は日本の経済に貢献できるという流れに、二〇〇〇年代に変わってくる。新しく今年度策定された沖縄振興策も日本経済への貢献が明記されている。新しい沖縄振興策にも明記されているけれども、実は遡ると二〇〇〇年代の初めには、日本経済への貢献という立ち位置のもとで沖縄の振興策がつくられていた。

これは皆さん、ご承知の方もいると思うけれども、沖縄振興予算は一般的な名称で、正式な名前は内閣府沖縄担当部局予算といわれる。予算の中身は、国庫支出金と国直轄事業費という他の県にも支出されているものであり、これを沖縄振興予算と呼んでいるだけ。沖縄振興予算と聞くと、沖縄だけが特別にもらう予算のように見受けられるけれども、それは誤解であり、他の県ももらうものを沖縄では沖縄振興予算と呼ぶ。年末には、おそらく来年度沖縄関係予算は二六〇〇億円台になるという話が出ている。

二〇一二年以降、一括交付金が創設されるが、ここから増加傾向に転じて三〇〇〇億円を割ることなく推移していた。ところが、二〇二〇年度、今年度は二六八三億円と大幅に減額になる。今年度約二六〇〇億円の沖縄振興予算の中身（表1）は、見ていただくと分かるとおり、一括交付金と公共事業関係費で全体の六〇％になる。結局、沖縄振興予算の大半は公共事業等の社会資本整備になっている。もち

表１　沖縄振興予算の内訳（令和４年度）

（単位：百万円）

1	沖縄振興交付金事業推進費	76,250
	(1) 沖縄振興特別推進交付金（ソフト交付金）	39,444
	(2) 沖縄振興公共投資交付金（ハード交付金）	36,806
2	公共事業関係費等	126,130
3	沖縄科学技術大学院大学学園関連経費	19,320
4	沖縄健康医療拠点整備経費	16,263
5	沖縄北部連携促進特別振興事業費	4,450
6	沖縄離島活性化推進事業費	2,480
7	沖縄子供の貧困緊急対策経費	1,560
8	沖縄産業力強化・人材育成推進事業費	1,322
9	駐留軍用地跡地利用推進経費	205
10	戦後処理経費	2,742
11	沖縄振興開発金融公庫補給金	1,931
12	沖縄振興特定事業推進費	8,000
13	その他の経費	7,746
	合　　計	268,399

出所：内閣府 HP より加工し作成

ろん子供の貧困対策とか他があるけれども、全体の割合でいうと少ない。

こういった沖縄振興予算の大半が公共事業関係経費なので、公共事業関係経費に焦点を当て、それと一括交付金のハードの部分、公共投資に使われる部分を足したものを、経済効果として推計してみようというのがこれ以降のスライドになる。

表2は二〇一八年の沖縄振興予算の経済効果である。公共事業を請け負う建設業に沖縄振興予算の大部分がいくと仮定しているので、沖縄振興予算は二〇一八年ならば六割ぐらいは土木建設部分が恩恵を受けるという結果になっている。あとは土木建設と関連の深い産業を見ると、物品賃貸業、建設機械を貸す会社、あと警備、自動車整備とか、こういったところが恩恵を受けることが今回の研究で分かった。表2は二〇一八年だが、こういう計算を各年度で行った結果が表3である。

17 沖縄振興予算の経済効果

表２　沖縄振興予算の経済効果（2018 年度）

（単位：百万円）

		第一次生産誘発	第二次生産誘発	合計	構成比（%）
1	農業	398	793	1,191	0.37
2	林業	20	10	30	0.01
3	漁業	1	69	71	0.02
4	鉱業	674	58	732	0.23
5	食料品・たばこ・飲料	54	2,365	2,419	0.76
6	繊維製品	1	2	3	0.00
7	製材・木製品・家具	72	10	82	0.03
8	パルプ・紙・紙加工品	75	42	117	0.04
9	化学製品	29	22	51	0.02
10	石油製品・石炭製品	2,777	374	3,151	0.99
11	窯業・土石製品	10,977	40	11,017	3.46
12	鉄鋼	4,242	10	4,252	1.34
13	非鉄金属	64	2	66	0.02
14	金属製品	4,752	79	4,831	1.52
15	一般機械	12	1	13	0.00
16	電気機械	34	21	55	0.02
17	輸送機械	265	264	529	0.17
18	精密機械	4	6	10	0.00
19	その他の製造工業製品	890	192	1,082	0.34
20	建築及び補修	198	147	346	0.11
21	土木建設	189,395	0	189,395	59.53
22	電気・ガス・熱供給	1,627	1,943	3,570	1.12
23	水道・廃棄物処理	903	592	1,495	0.47
24	商業	6,999	6,087	13,086	4.11
25	金融・保険	4,505	3,152	7,657	2.41
26	不動産	652	10,220	10,872	3.42
27	運輸・郵便	4,887	1,809	6,696	2.10
28	情報通信	4,564	2,800	7,364	2.31
29	公務	8	201	209	0.07
30	教育・研究	125	1,396	1,521	0.48
31	医療・保健・社会保障・介護	11	3,365	3,375	1.06
32	その他の公共サービス	565	667	1,232	0.39
33	対事業所サービス	33,412	2,772	36,184	11.37
34	対個人サービス	135	4,737	4,872	1.53
35	その他	474	75	549	0.17
	合　計	273,800	44,326	318,126	100.00

表3で注目してもらいたいのが粗付加価値誘発額。これが、私たちが一般的に県内総生産何兆円とかというときの県内総生産に近い数字になる。この部分を見ていただくと、だいたい一四〇〇億円ぐらいの粗付加価値誘発額がある。つまり沖縄振興予算として毎年公共事業をするけれど、この公共事業によって一四〇〇億円台ぐらいの付加価値額を沖縄振興予算が生み出す。この生み出しているものをパーセンテージでみると、各年度の県内総生産の三%から三・四%ぐらいを占めることになる。二〇二二年度は大幅な振興予算の減額があったので、その減額に伴って雇用者所得も減る、付加価値額も減るという予測になっている。

以上の分析結果をまとめると、生産誘発額は三〇〇〇億円台。この生産誘発額というのは、公共事業をすることによって、原材料も含めてどれくらい経済活動が引き起こされるのか、ということ。粗付加価値額に関しては、各年度の県内総生産の三%ぐらいを占めるので、仮に沖縄振興予算の金額がゼロベースになってくると、県経済の規模が三%ぐらい縮小する可能性がある。沖縄振興予算は他の県にも支出されている国庫支出金、特に直轄事業費なので、沖縄だけ予算がゼロになるということはあり得ないが、ただし、沖縄振興予算の県経済へのインパクトを数値化するという意味ではこれぐらいの数

表3　沖縄振興予算の経済効果（2018年度～2022年度）

（単位：億円）

年度	沖縄振興予算		生産誘発額	粗付加価値誘発額	雇用者所得誘発額
2018	1,894		3,181	1,458	775
2019	1,849		3,107	1,424	757
2020	1,811	⇨	3,042	1,394	741
2021	1,797		3,019	1,384	736
2022	1,543		2,592	1,188	632

値規模かなということになる。

　あとは沖縄振興予算の影響を最も受ける業種、産業としては建設業、物品賃貸業。ここ数年、沖縄振興予算が減る傾向にあるので、建設業関連に働く方にとってはこのあたりのインパクトが大きいのかなという感じがする。

　沖縄振興予算が三％ぐらいの県経済の規模であるならば、毎年度、一定程度の予算規模を確保することは、沖縄経済の成長・発展を考えるという観点からも重要だと思う。年末には来年度の沖縄関係予算、沖縄振興予算がいくらかというのが出るだろう。聞くところによると二六〇〇億円台といわれているけれども、そうすると三〇〇〇億円台あったときから比べると、県経済へのマイナスのインパクトが懸念される。

　中長期的な観点からは、沖縄振興予算の増減に影響されない経済の構築が重要になる。沖縄県が振興予算三〇〇〇億円を維持するという話を毎年度するけれど、三〇〇〇億円という数字は何を根拠に出てくるか、どうやって積み上げた数字かというところが、なかなか見えてこない。その中で、今年度二六〇〇億円台に減額される状況が、今の沖縄振興予算の実情になる。予算が減れば当然公共事業も減って、公共事業が減ったことで今日示したような経済的なインパクトが出ることが分かる。

　だから、期待を込めて言いたい。今年度スタートした振興計画では、強い沖縄経済を、つまり沖縄振興予算の増減に一喜一憂しなくても済むような経済構造をつくっていく。そのために沖縄振興予算を「見える化」して、何が有効で、何が有効でないか少し整理する必要があると思う。

　沖縄の振興計画を考えるときに、政策の何が良かったのか、悪かったのかを県民が評価するための基礎資料が少ないと感じる。私たちが政策を判断するときには判断材料がないといけない。そういう意味も込めて今回、政策評価のための基礎資料的な役割を果たすために、沖縄振興予算の経済効果を推計したので、ぜひ議論のきっかけにしていただけたらありがたいと思う。

復帰後50年　県民は幸せになったのか

―県民生活の変化、幸福度、経済の自立化―

沖縄国際大学経済学部経済学科特任教授　名嘉座　元　一

もともとの問題意識としては、幸福度の調査結果で、沖縄県民の幸福度が全国でも高いことから出発している。皆さんご承知のとおり、一人当たりの県民所得は全国最下位にもかかわらず、なぜ幸福度がこんなに高いのか。この幸福度の背景にあるものはなんだろう。それがもしかしたら沖縄経済の自立と何か関係しているのではないかという疑問からスタートした。

復帰で社会経済はどのように変化したか、ざっと見たいと思う。まず、人口は、復帰直後の九六万人から現在は一四六万人になり、五〇年間で一・五倍になった。年間あたりで一万人ぐらい増加している。他の県では人口が減少する中で、このように復帰後の沖縄県は人口が増加傾向にあり、さらに二〇三〇年ぐらいまで増加すると見込まれている。

次に、経済については、復帰後からみると、ＧＤＰで沖縄県は九・八倍になった。同じ期間に全国が五・六倍だから、全国の伸び以上の成長といえる。観光客数の推移は、皆さんご承知のとおり、コロナ禍直前の二〇一八年には一千万人を突破し、ようやくハワイと並んだとか騒がれたことがあった。コロナ禍を

きっかけに急激に減少したが、これまで県経済の発展を支える上では、観光の役割も大きかったと思う。

その間、振興予算でいろいろ社会資本も充実してきた。復帰時にはかなり社会資本の格差も大きかったけれども、今では分野によっては全国平均を上回るような整備率になっている。かなり充実してきたということがうかがわれる。

以上、沖縄県の復帰後のプラス面をざっと見てきたけれども、次は、沖縄の抱える問題を見ていこう。やっぱり一番は、経済の視点から見ると自立度は全く高まっていないことである（表1）。自立度を見る指標はいろいろあるけれども、財政依存度は減少せず、むしろ増加傾向にある。自立収支、これは貿易収支ともいうけれども、大幅入超は変わらず。物的生産力、これは第一次産業と第二次産業の全産業に占める割合だが、これも減少傾向にある。県民所得格差、これは後でまた説明するけれど、これも全国の七割程度で横ばい。あと労働生産性は、これも二〇〇〇年代初期までは伸びていたけれども、近年は低迷している。

一人当たり県民所得は全国の七割ちょっとであり、ほとんど格差は変わっていない。あと、雇用労働面では、失業率は皆さまご承知のとおり全国一高

表１　自立化指標の推移

	第１次振興開発計画（1972 ～ 1981）		第２次振興開発計画（1982 ～ 1991）		第３次振興開発計画（1992 ～ 2001）		沖縄振興計画（2002 ～ 2011）		21世紀ビジョン基本計画（2012 ～ 2021）	
	1972	1981	1982	1991	1992	2001	2002	2011	2012	2018
財政依存度（%）	25.6	39.4	36.5	36.2	38.2	42.2	41.6	41.6	42.2	39.0
自立収支（%）	-30.9	-24.8	-23.9	-9.0	-9.0	-20.6	-20.8	-20.2	-22.4	-17.7
完全失業率（%）	-	5.4	4.9	4.0	4.3	8.4	8.3	7.1	6.8	3.4
県民所得格差（%）	57.8	71.4	73.6	71.6	72.9	68.2	69.0	70.6	70.0	75.8
労働生産性（千円/人）	1,262	3,681	3,888	5,491	5,793	6,362	6,401	5,965	5,913	6,373

資料：沖縄県「県民経済計算」より作成

い。図1のグラフは、実線が沖縄県、点線が全国だけれども、このように沖縄県は常に全国より高い失業率で推移している。最近減少はしていたが、コロナの影響でまた再び増加傾向になっている点が懸念される。年代別で見ると、一五から一九歳が全国と比べてかなり失業率が高い。この構造は復帰後ほとんど変わっていない。若年雇用の問題はまだまだ残っている。

　貧困問題は近年注目されている。沖縄県の貧困構造を見ると、高所得者と低所得者が二極化しているのではなく、どちらかというと低所得者層の割合が多く、そのため、所得が全国一低い構造になっている。

　それから、沖縄県市町村データを用いた子どもの貧困率の推計は、いろいろなメディアなどでも取り上げられたが、三〇％近くあり、全国よりかなり高いレベルだった。このため今度の振計で、貧困の解消が政策目標として掲げられている。

　なぜ、こんなふうに貧困が多いのか。要因はいくつかあ

図1　失業率の推移

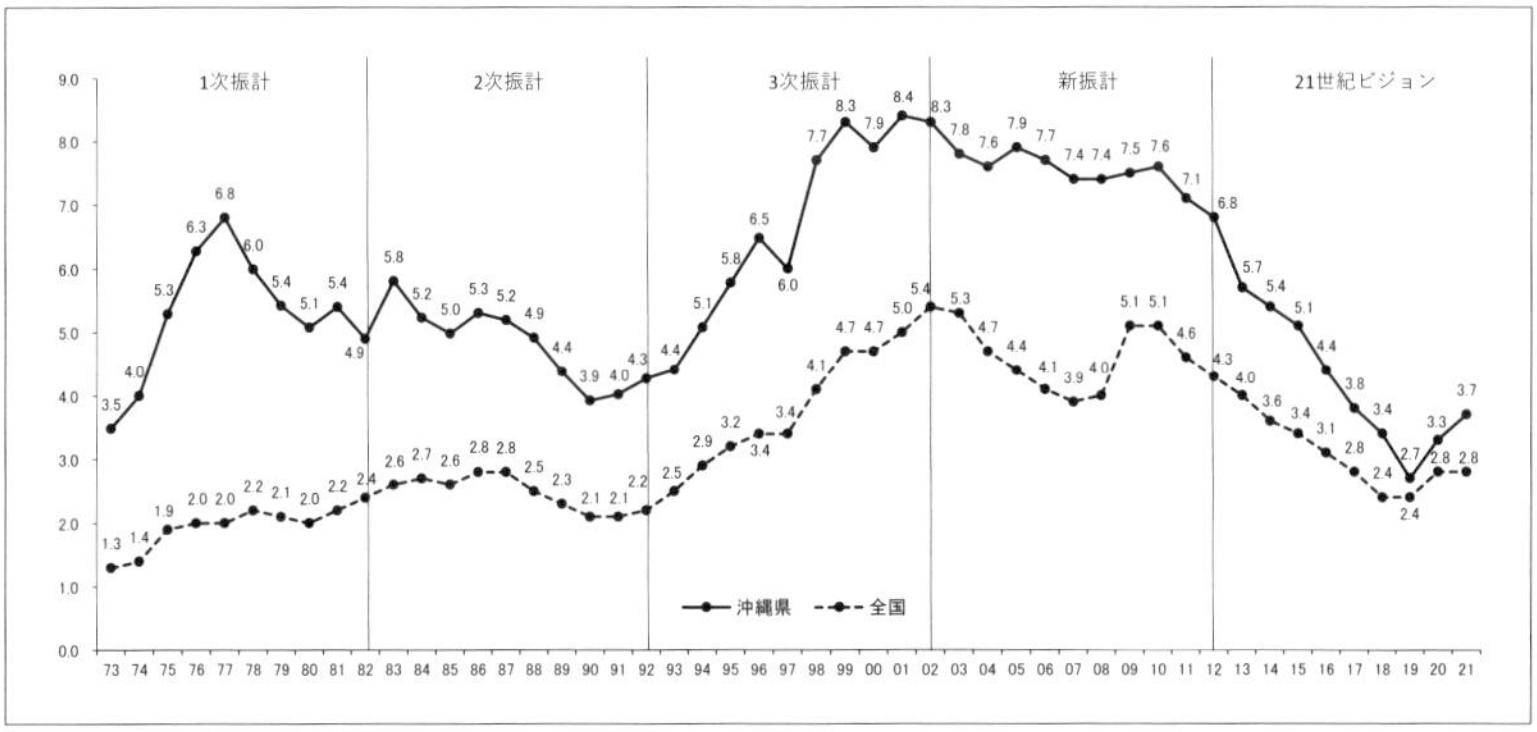

資料：沖縄県、総務省「労働力調査」より作成

るが、一人親世帯、特に母子世帯が多いことが挙げられる。それから、宮城先生もおっしゃっていたけれども非正規雇用が多く、生活が不安定であること、低所得者層が多いこと、それから、福祉行政の対応の遅れも指摘できると思う。例えば、高齢者関係の給付費は、児童関係給付費の一〇倍近くあることを考えれば、子供のための福祉関係がまだまだ充実していないことがうかがわれる。

　一人親世帯の問題だが、年収が低く生活が苦しいという結果になっている。特に母子世帯は八割近くが生活は苦しいと答えている（図2）。それから、もう一つ、避けて通れないのが基地問題。県民は米軍基地をどう見ているか。県が実施した県民意識調査を見ると、沖縄に基地があることに対して「差別的な状況だと思うか」という質問に対して「そう思う」と、それから「どちらかというとそう思う」と答えた人が六六・三%を占める。「そう思う」と答えた人の数が三九・四%であるが（図3）、平成二四年から令和三年度まで見ると、それがだんだん減っている点がちょっと

図2　ひとり親世帯の経済事情

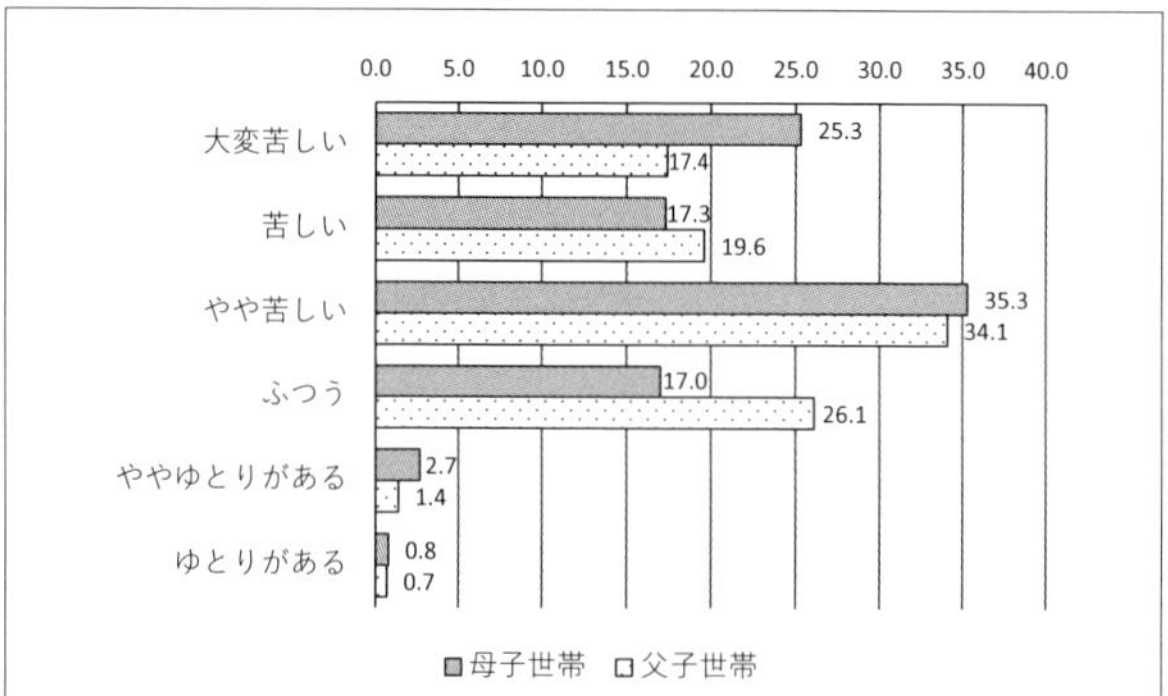

資料：沖縄県「沖縄県ひとり親世帯等実態調査報告書」平成30年度

気になる。今日は示していないけれども、年代別に見ると若い人ほど基地を容認するような意見が多い。この点についてジェネレーションギャップというか、若い人たちの考えと、我々みたいな世代との間にギャップがあるような気がする。基地について若い世代と議論などをもっともっと進めていかなければならないと思う。

　次に県民の幸福度についてみてみよう。幸福度について沖縄県の県民意識の調査があるが（図4）、基本的に幸せと感じていますか、と聞くと、八割を超える人が幸せと感じていると答えている。「幸せと感じている」「どちらかといえば感じている」の合計だが、このように多い。過去と比べてもそんなに減ってはない。そのような県民の幸福度意識になっている。

　では、なぜそのように沖縄県民は、経済的に苦しいにもかかわらず幸福だと考えているか深掘りしてみた。図5は、ある幸福度調査だが、全都道府県で幸福度を調査し、幸せかどうかと聞いたものである。縦軸が幸福度、横軸が所得になる。沖縄県の所得は全国一低いにもかかわらず幸福度が第一五位。トップではないけ

図3　米軍基地への認識

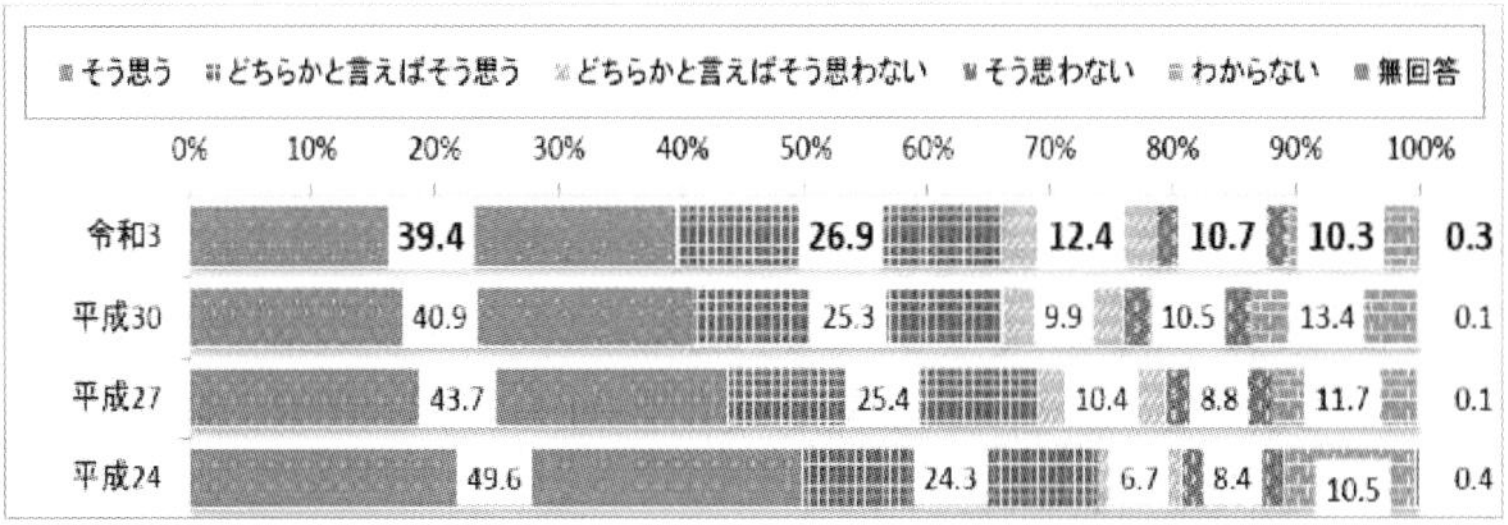

資料：沖縄県「県民意識調査」2021年

図４　県民の幸福度

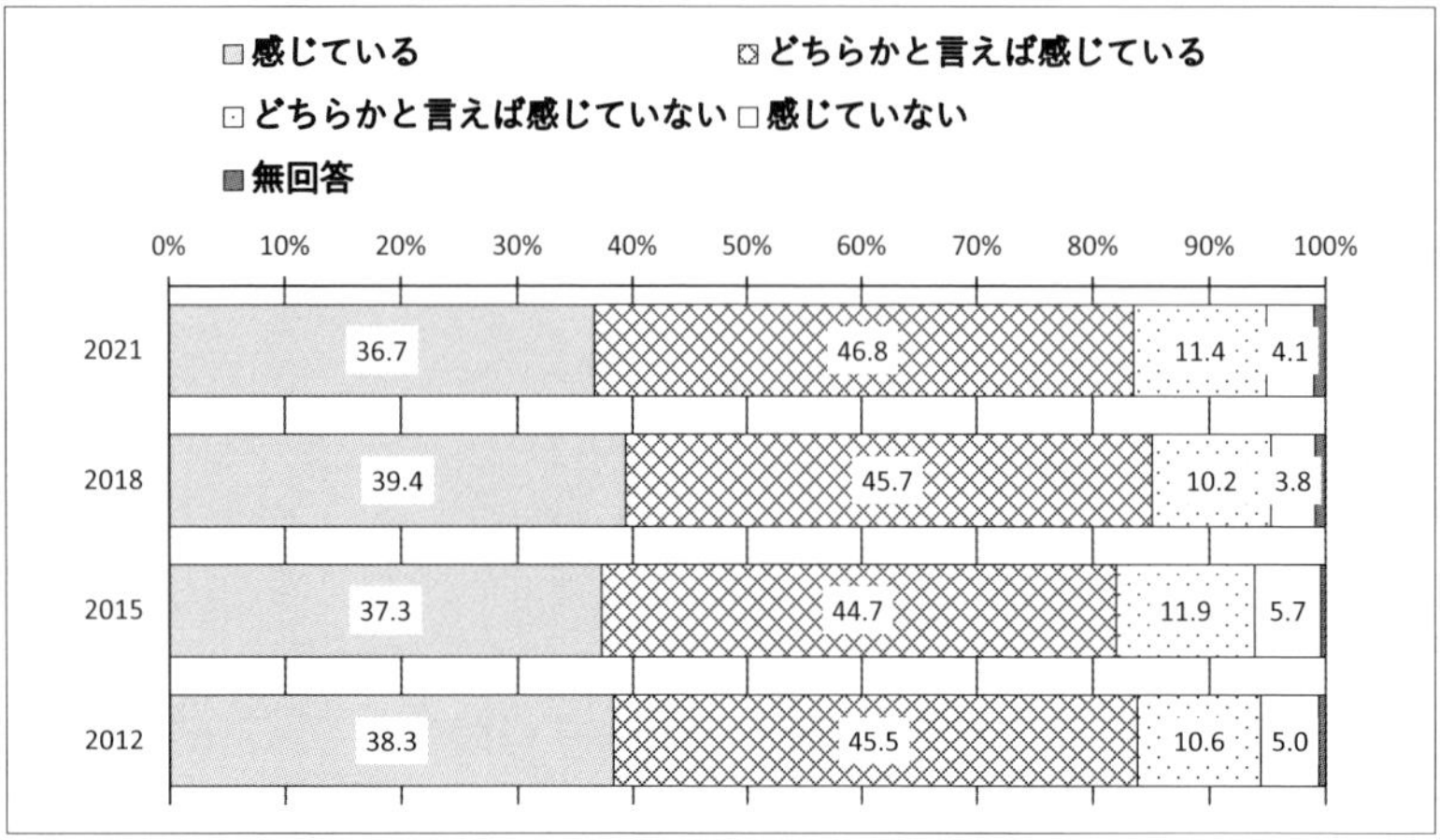

資料：沖縄県「県民意識調査」2021 年

図５　幸福度指数による沖縄県のランク

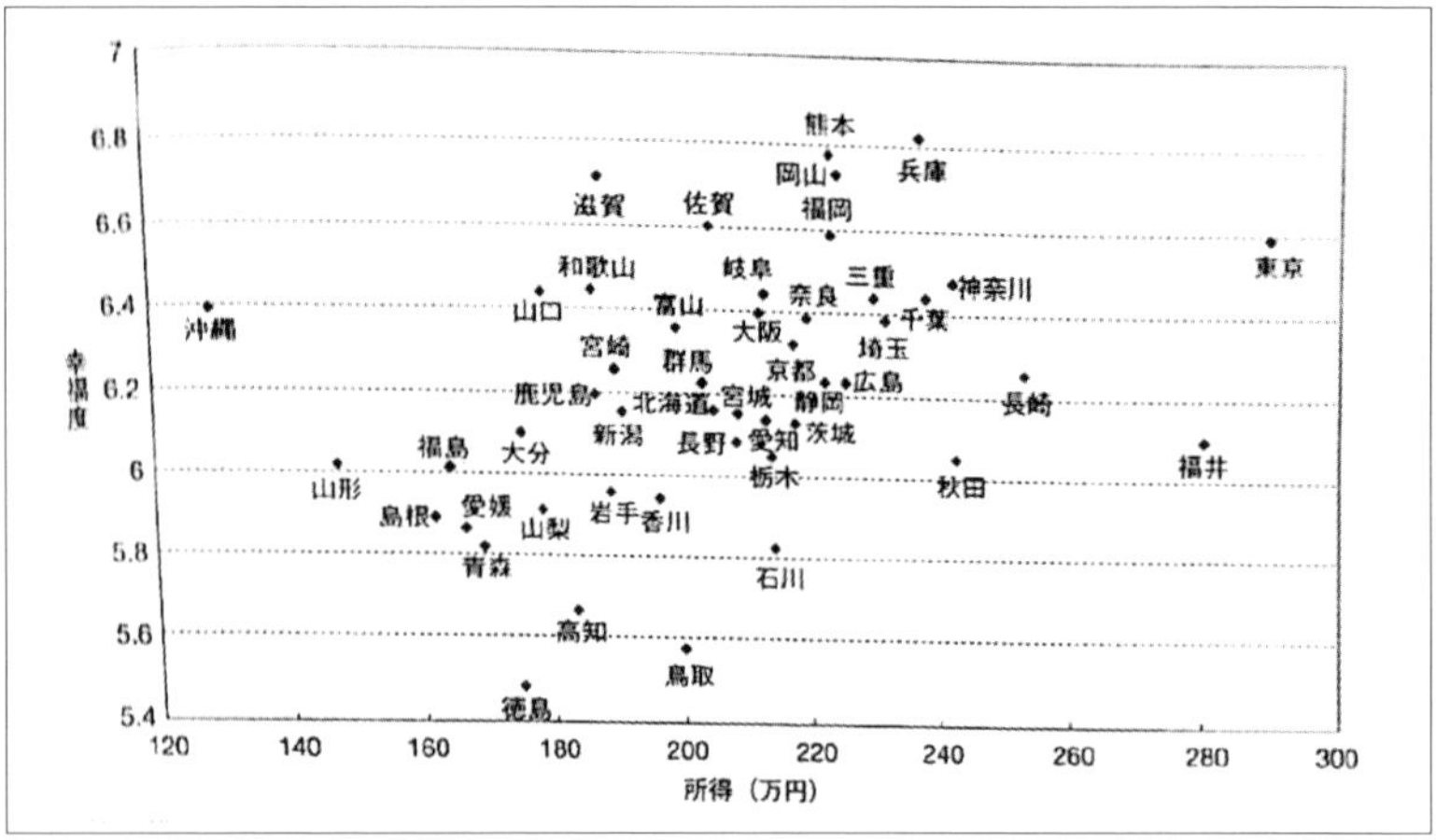

資料：大竹文雄・白石小百合・筒井義郎編著（2010）『日本の幸福度ー格差・労働・家族』日本評論社

れど一五位とかなり高いほうになっている。他の幸福度調査でも結構沖縄県民の幸福度は高いという結果になっている。

ではなぜなのだろうか。表2は見にくいけれど、全国、沖縄の客観的指標になる。例えば、雇用関係の項目では失業率は、沖縄県のほうが高い。それから最低賃金も沖縄県のほうが低い。もちろん平均賃金も低い。にもかかわらず全国に比べて沖縄県の幸福度、満足度は比較的高く、一四位になる。他のところでもそうだが、例えば、健康寿命に関しても沖縄県は全国に比べ近年、健康寿命は下がり、全国のほうが高い。にもかかわらず沖縄県民は健康に関しては割と高い満足度を持っている。あと、社会とのつながりは、特に沖縄県は満足度が高いようで、どの分野においても客観的指数は低いけれども、主観的指標の満足度は高い状況になっている。

幸福度研究に関していくつかの論文を見ると、幸福

表2　主観指標と客観指標

分野	客観指標（主なもの）	全国	沖縄	主観満足度		
				全国	沖縄	順位
家計と資産	可処分所得金額（二人以上勤労世帯）	47.7万円／月	31.8万円／月	4.7	4.71	23
雇用環境と賃金	完全失業率（年平均）	2.4%	2.7%	4.66	4.73	14
	有効求人倍率（年平均）	1.6	1.19			
	所定内給与額	307.7千円	251.3千円			
	最低賃金額（全国は加重平均）	901円	790円			
住宅	延床面積	93.0㎡	75.8㎡	5.58	5.55	27
	住宅保有率（二人以上世帯）	83.7%	62.8%			
仕事と生活	実労働時間（一般労働者）	164.8時間／月	165.6時間／月	5.26	5.32	16
健康状態	健康寿命	男72.14	男71.98	5.56	5.72	7
		女74.79	女75.46			
教育水準・教育環境	大学進学率	54.7%	40.2%	5.56	5.60	19
社会とのつながり	ボランティア行動者率	26.0%	25.1%	5.39	5.51	10
	交際・付き合いの時間	17分／日	19分／日			
身の回りの安全	刑法犯発生件数（認知件数）	817,338件	6,878件	5.67	5.71	23
	人口100人当たり件数	0.60%	0.48%	5.20	5.23	25
子育てのしやすさ	待機児童率（＝待機児童数／申込者数）	0.6%	2.8%			
介護のしやすさ・されやすさ	受給者一人当たりの費用額（介護サービス）	194.6千円	211.7千円	4.54	4.50	31

資料：大山雄太郎（2020）「沖縄県の幸福度が相対的に高い要因に対する一考察」

度に影響を与える要因として所得が挙げられる。もちろん所得が大きければ大きいほど幸福になる。所得格差のほか性別、男女の差もある。特に女性のほうが幸福度は高い傾向がある。子どもを持つとか、ある程度自由な時間でいろいろなことができるということがあるのかもしれない。それから、年齢で見ると若い人は幸福度が高い。あと健康度が高いほど幸福度が高い。結婚していて子どもが多ければやはり幸福度が高くなる。国民性とか県民性も幸福度に影響を与えている。一般的には、子どもがいること、行事・イベントに参加することとか、健康度が高いことなどが、幸福度を高くする要因になると思われる。

これを沖縄県に当てはめると、県民の幸福度が高い要因として、楽観的な社会ということが挙げられるかもしれない。これもアンケート調査などで見ると、何とかなると考える人の割合が全国一高いという特徴がある。それから、他者とのつながり、支えを大切にする社会ということで、親戚の数とか友人のネットワークも全国一であり、ボランティア活動や自治会活動への参加率も非常に高い。そのため沖縄県民は所得が低いにもかかわらず、互いに支え合う社会ということで幸福度が高いと推察される。

今後の話だが、県民が幸せになるためにはどうしたらいいか考察してみよう。経済自立に必要なこととして、漏れの少ない経済構造や生産性を引き上げること、高度人材の育成などがある。それから貧困問題への対応、そういった諸々の問題を解決する必要があると思う。経済面でいうと、県経済は漏れが多い構造になっているため、自立型を目指すにはこの漏れをどう埋めていくかということになる。

もちろん、経済自立化がなかなか達成できてないことは自立化指標を見てもお分かりかと思う。なぜなのかいろいろ考えてみた。県も国も振興予算などを使って、いろいろ施策はしている。だけれど、なかなか自立化を達成してないのはなぜだろうか。先ほど比嘉先生もおっしゃったように予算の中身や政策の有効性を精査していく必要がある。補助金のあり方や予算規模などを検証していく必要があると思う。

それから、もう一つ、県民のメンタルの問題を挙げたいと思う。先ほど見たように県民の特性、所得が低くても幸福度が高い。これが全国一高い貧困率から抜け出せない一つの要因になっているのではないか、と思っている。このヒントとなったのが、沖縄大学の樋口先生が書かれた『沖縄から貧困がなくならない本当の理由』だ。そこから引っ張ってきたけれども、沖縄県は変化を好まない社会だから、現状維持社会ではないかということである。県民を経営者、労働者、消費者と分けると、消費者の我々は同じものを無批判に買い続ける。例えば、ボンカレーは松山容子が写る昔ながらのパッケージを販売しているのは沖縄だけだとか。そんなふうに昔からあるものをずっと買い続けている。また、サンエーは収益率が全国でも上位だが、なぜ本土に進出しないのかとか、そのようなことが指摘されている。

それから、労働者は昇級、昇進したがらない。これはちょっと誤解招くといけないけれど、彼の経験からも言っているように、重い責任を取りたがらないところがあるようだ。積極的に昇進とか昇給する意欲が本土に比べると少ないのではないか。そういう労働者と消費者の性格が分かるので、経営者も無理して投資や研究開発をせず、収益性、生産性をアップするような努力をしないのではないか。このため、低賃金、低生産のままずっと今まできているのではないかという一つの仮説である。要は、現状維持社会というのがずっと維持されている。これが自立化を妨げる一因ではないかということである。

従って、経済自立化を達成できない要因として、一つは、先ほど申しましたように政策の効果、有効性があり、あと県民の特性である楽天的な社会も要因の一つと考えられる。

最後に、しかしながら、一県民としてこのままでいいのかというとそうではない。これからの環境変化を考えると、やはり我々は変化していかなければいけない。現状維持社会のままだと、他の地域に取り残されてしまう。ＩＴ化、ＳＮＳの影響、グローバル化、コロナ禍の影響などによって、これまでの我々の行動意識が変わるので、その変化にあわせて我々も変わっていかなければいけない。

要は、県民が幸せになるためには、これからの環境変化をチャンスに変える必要がある。現状維持型ではなくて、能力のある人や社会を変えたい人が表舞台に出ていく社会づくりが、とても大切と思われる。そのためには、人材育成が非常に大きなポイントとなる。基礎教育、小学校などで、貧困がなぜ発生しているか、なぜ失業率が高いかということを小学生のうちから議論をして学ぶ。成功した人や県外へ事業を展開した人の話をいろいろ聞く。こうするうちに意識を変えることができるのではないか。人材育成が基本にあって、その上に先ほど言った有効な経済政策を展開することで、今後、沖縄県が自立できることにつながるのではないかと思う。

特別講演

アジアの時代到来！　～アジアのダイナミズムとこれからの沖縄～

那覇空港ビルディング株式会社代表取締役社長　安里昌利

私は、経済の現場に長い間かかわってきた。銀行での勤務の後、今は那覇空港で働いている。そういう観点で、経済の現場から少しお話をさせていただきたいと思う。

一八世紀、一九世紀、産業革命でイギリスを中心にヨーロッパが大きく発展した時代があった。これはパックス・ブリタニカと表現され、二〇世紀、二一世紀にはアメリカの大きな繁栄に伴い、パックス・アメリカーナと表現されてきた。けれども、これからはアジアの時代ということが盛んに言われている。その中で沖縄がどう展開していくか、変化していくか。そこを展望しながらお話を進めていきたいと思う。

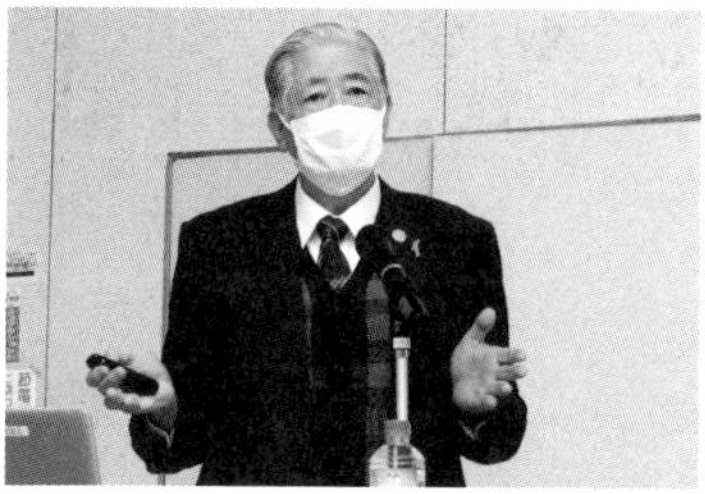

「沖縄がアジアの中心地へ」（図1）という表現をさせてもらったが、皆さん、東京、あるいは九州には、よく行かれると思うけれども、なかなか海外、特にアジアの主要都市には出かけられるチャンスは少ないと思う。しかし、実はアジアの主要都市は非常に近いところにある。特に、注目していただきたいのは、台湾のちょうど向かいにある厦門、それに汕頭、深圳、珠海、この四地域

図１　沖縄がアジアの中心地へ

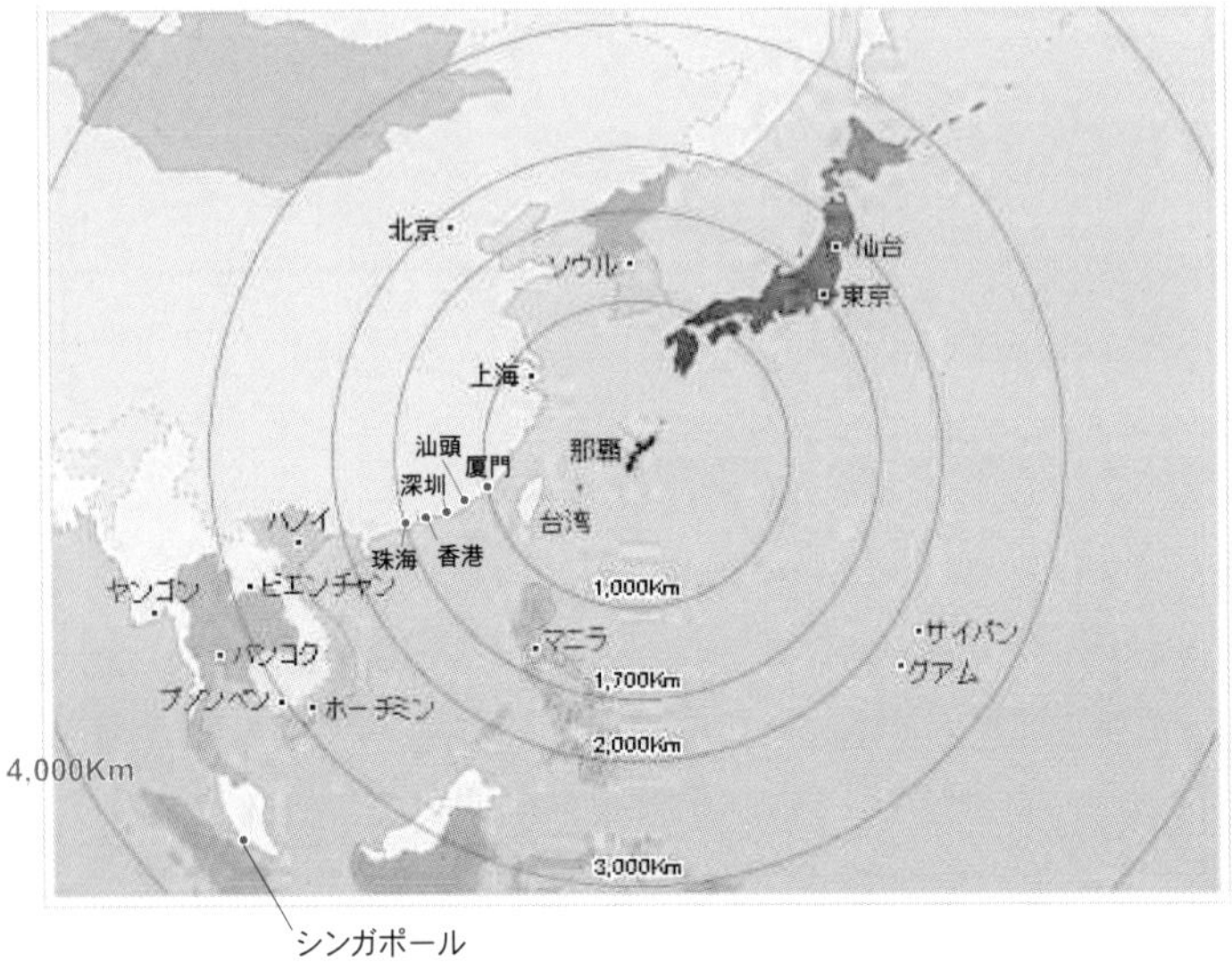

は中国の経済特別区、輸出特区として、今の中国経済を牽引している一番の原動力となっている。沖縄からの距離が一七〇〇km以内、実は東京よりも近いところにある。なかなか肌感覚では感じないけれども、同心円の地図でみると非常に近い場所にあることが分かる。そういうことで沖縄がアジアの中心地と言われる所以である。フィリピンのマニラも、遠いイメージがあるが、実は、東京よりも近い。上海は九州の福岡と同じくらいの距離にあるというのが実態だ。

「沖縄国際物流ハブの強み」（図２）というタイトルだが、実は、これは二〇一八年、四年前に沖縄県の商工労働部がつくったデータである。コロナ禍の前だが、沖縄を中心にしたＡＮＡハブとして、全日空の貨物機が夜間を利用して海外に飛んでいた。今、コロナの影響でストップしているけれども。人口二〇億人の巨

図２　沖縄国際物流ハブの強み

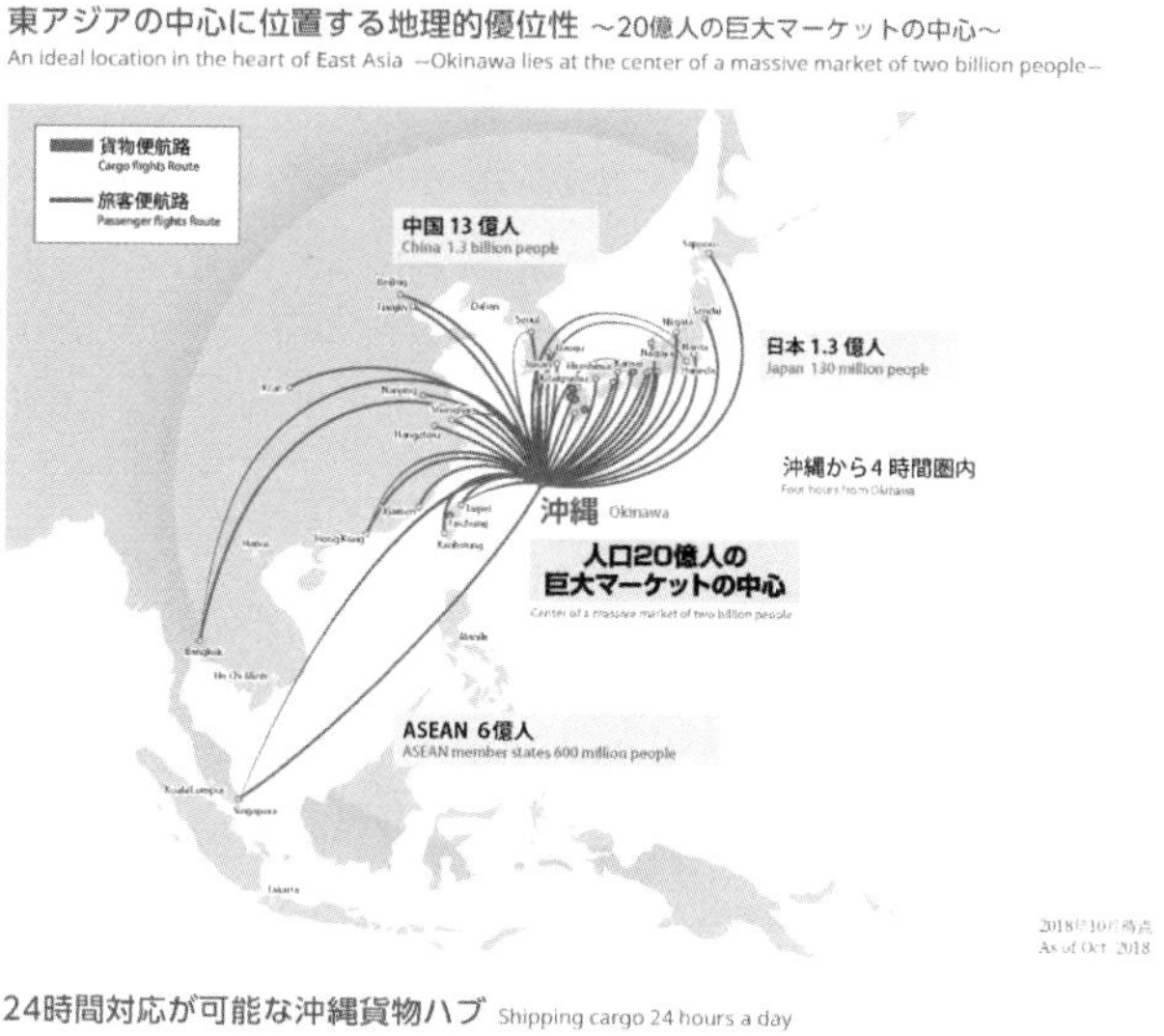

大マーケットの中心に沖縄が位置づけられている。二〇億とは中国一三億人、日本一・三億人、ＡＳＥＡＮ六億人の合計。今のところＡＮＡハブはストップしているが、マーケットのダイナミズム、エネルギーとしては、まったく変わらない。

そういう中で、アジアの時代と申し上げたけれども、アジアの大きな繁栄を牽引しているのが、中国とＡＳＥＡＮである。まずは中国が大きく発展し、いろいろ周辺国に、ＡＳＥＡＮに波及する中で、アジアの時代と言われている。

注目していただきたいのは、二〇一八年一二月、改革開放路線四〇周年記念式典が人民大会堂で行われた時の習国家主席の演説である。「先進国が数百年かけた工業化を数十年で成し遂げた。不可能を可能にしました」「人民の勤勉さや勇気が創造した奇跡」ということで、非常に自信を持って演説している。

一九七八年に「改革開放路線」に始まり「四〇周年式典」ということになる。一九七八年の改革開放路線は、鄧小平氏が戦略として構築しスタートさせた。これが今の中国の大きな繁栄に繋がっている。鄧小平氏は、一九七八年から一一年間、最高指導者として君臨している。毛沢東が一九四九年に共産党革命に成功して、亡くなるまで二七年間、最高指導者として君臨し、その後は華国鋒が毛沢東の意向を受けて、最高指導者に就任するものの、二年で退任し権力闘争に敗れたと言われている。鄧小平氏も毛沢東と一緒に共産党革命を担った同志だが、共産党革命が成功した後は、毛沢東からは攻撃される。なぜかと言うと、鄧小平氏は、走資派、資本に走る一派という位置づけをされていた。実は若いときにフランスに留学している。最高指導者になってからは、日本に来て、日本の新幹線、あるいは松下電器を盛んに視察して、中国の今の基盤を創り上げた。さらに、先だって九六歳で亡くなった江沢民氏が国家主席の時代を経て、習近平国家主席が第三期目に入るという中で中国の経済が大きく発展してきた。

先ほど申し上げたが、厦門、汕頭、深圳、珠海、これらは輸出特区として位置づけている。輸出特区として指定した理由は、香港、マカオ、台湾に隣接して華僑が多い地域である点だ。そこに着目して、工業製品はこの華僑を中心に、海外に展開していこうとスタートしている。

鄧小平氏は最高指導者を退いた後も「南巡講話」を盛んにやっている。この中で、中国南部の経済特区を巡回し、海外からの企業誘致を積極的に推進してきた。低賃金と有利な税率をＰＲして、世界から一流企業の誘致に努めている。その時の鄧小平氏の基本的な考え方が「韜光養晦（とうこうようかい）」と表現されている。これは日本流に言えば「能ある鷹は爪を隠す」と表現されるが、本当のねらいは技術移転、一流企業を誘致して技術移転を図ることが大きな狙いだったと言われる。結果として中国が今の経済発展を成し遂げてきたという状況がある。

そういう中で政治経済ともに、中国の存在感が大きく高まってきた。ちなみに、全世界の主要国の名目ＧＤＰのシェアは、二〇〇〇年頃には、アメリカが三十数％あり、日本も一五％前後あった。中国が大きく経済成長する中で、シェアをどんどん伸ばし二〇一〇年に日中逆転が起きる。二〇三〇年には米中逆転があるだろうと言われる。証券会社みずほ総合研究所は二〇三〇年頃には、米中逆転と発表しているが、昨日、一昨日の日本経済新聞によれば、日本経済研究センターは、米中逆転はないと発表している。理由が三つぐらいあり、一つには、ゼロコロナ対策で、かなり経済が疲弊していること。もう一点は米国が特に中国向けに先進技術の輸出を非常に厳しく規制するようになったこと。それと中国が高齢化と同時に人口減少に転じピークアウトしたとして、米中逆転はないのではないかということが日本経済新聞にも載っていた。

ただし、中国の経済シェア、名目ＧＤＰのシェアは、どんどん伸びていって二〇三〇年に逆転現象が起こるとしても、米国と日本のＧＤＰシェアをプラスすれば、逆転されることはまずない。中国と米国の逆転現象が起こるけれども、その後は一進一退が続き、大きく引き離されることはないと言われている。米国と日本の共同覇権ということを盛んに三菱ＵＦＪモルガン・スタンレー証券は主張している。

名目ＧＤＰは、中国も大きく成長していくが、一人当たりのＧＤＰについては、主要国では米国がトップをキープする。それと日本は、一人当たりのＧＤＰが増加すると見込まれている。というのは人口減少が、そういう数字をつくっていくと言われている。中国は、人口が非常に多い関係で一人当たりのＧＤＰはなかなか伸びないと言われている。

昨年一二月現在の一人当たりのＧＤＰは世界の一位がルクセンブルクの一三万六〇〇〇ドル、ざっと一五〇〇万円、次にアイルランドの一〇万ドル、スイスが九万二〇〇〇ドル。アメリカは七位で六万九〇〇〇ドル、七万ドル弱、ちなみに日本は三万九〇〇〇ドルで二七位である。先だっての新聞では、台湾にもう抜かれるのではないかというデータも出ていた。中国は名目ＧＤＰが伸びるが、一人当たりのＧＤＰは六二位、一万三〇〇〇ドルという。全体は大きくなるけれど人口比、人口で割っているので、一人当たりのＧＤＰはなかなか大きくは成長しないと専門家は言っている。

皆さんもご存じのように、コロナ禍前まではインバウンドがどんどん入って来た。それで沖縄の経済もだいぶ伸びたところもあるが、その背景に、中間所得層が大きく増えたという状況がある。ちなみに、二〇一〇年、これは全世界で三一億人の中間所得層が存在するといわれる。中間所得層は米ドルで五〇〇〇ドル、年収五〇〇〇ドルから三万五〇〇〇ドル、ざっと日本円に換算すると年収六五万円から四五〇万円ぐらいになる。二〇一〇年には、その中間所得層が三一億人いて、そのうち一八億人はアジアにいる。このアジアの中間層が二〇二〇年から一〇年間で一〇億人伸びると予測され、つまり一年に一億人の割合で中間所得層が増えると考えられる。こうした皆さんがクルーズ船あるいはＬＣＣを利用して日本に、あるいは沖縄に数多く来ているというデータである。

そういう動きを先取りするように海外の一流ブランドホテルが沖縄に進出している。「海外一流ブランドホテルの進出ラッシュ」（表1）の一番のリッツカールトン、これはアメリカの有名ホテルだが、二〇一二年に名護市の喜瀬ゴルフ場の隣に進出した。二番から七番まではヒルトンホテルである。本島内に今六つのホテルをオープンしている。先だっては本部町の瀬底に一昨年一つのホテルを、昨年も大きなホテルをオープンした。それとハイアットリージェンシーとリーガロイヤルグラン沖縄はケン不動産リースという会社がオープンした。この系列の会社がケン・コーポレーション。去った七月に四四三室の非常にゴージャスなホテルを糸満にオープンしている。琉球ホテル&リゾート名城ビーチである。その前に、三四〇室のプリンスホテルが、宜野湾バイパス沿いに開業した。今、この海外ブランド、あるいは一流ホテル、あるいは本土資本も含めて非常に多くのホテルが沖縄に進出している。

　ちなみに、どの程度の数がオープンしたか。昨年一二月末のホテル・旅館の数が八三七軒だが、五年

表1　海外一流ブランドホテルの進出ラッシュ

	ホテル名	進出場所	部屋数	進出時期	特徴等概要	ディベロッパー
1	ザ・リッツ・カールトン沖縄	名護市・喜瀬ゴルフ場内	97室	2012年5月	首里城の赤瓦と白い城壁をモチーフに	
2	ダブルツリー by ヒルトン那覇	那覇市・モノレール旭橋駅隣	228室	2012年夏	13階建・国際通りから約1Km	三州観光
3	ヒルトン沖縄北谷リゾート	北谷町・アメリカンビレッジ内	346室	2014年7月	地上9階・9割がオーシャンビュー	オリックス
4	ダブルツリー by ヒルトン那覇首里城	那覇市首里	333室	2017年4月	旧グランドキャッスル	
5	ダブルツリー by ヒルトン沖縄北谷リゾート	北谷町・アメリカンビレッジ内	160室	2018年7月	地上5階・全室オーシャンビュー	オリックス
6	ヒルトン沖縄瀬底リゾート	本部町瀬底	300室	2020年7月	地上9階・10万坪内に2棟	森トラスト
7	ヒルトン（タイムシェアリゾート）	本部町瀬底	132室	2021年10月	地上9階・10万坪内に2棟	森トラスト
8	リーガロイヤルグラン沖縄	那覇市・モノレール旭橋駅隣	157室	2012年6月	モノレール旭橋駅・那覇バスターミナル直結	ケン不動産リース(株)
9	ハイアットリージェンシー那覇沖縄	那覇桜坂エリア	294室	2015年7月	地上18階・国際通りとやちむん通りを結ぶ中間	ケン不動産リース(株)
10	ハイアットリージェンシー瀬良垣アイランド沖縄	恩納村瀬良垣ビーチ内	340室	2018年8月	地上7階・3階・2階	3社共同（東急不動産・NTT都市開発(株)・(株)ミリアルリゾートHs）
11	ノボテル沖縄那覇	那覇市・松川	328室	2018年9月	昭和49年開業の老舗ホテル「都ホテル」を全面改修	
12	ハレクラニ沖縄	恩納村・伊武部ビーチ跡地	360室	2019年7月	ハワイの100年以上の歴史のある高級H	三井不動産
13	ホテルコレクティブ那覇	那覇市・国際通り	260室	2019年11月	台湾資本嘉新セメントによる5ツ星ホテル	嘉新セメント
14	沖縄プリンスホテル オーシャンビューぎのわん	宜野湾市真志喜	340室	2022年4月	プリンスホテル沖縄発出店・全室オーシャンビュー	
15	琉球ホテル＆リゾート 名城ビーチ	糸満市名城	443室	2022年7月	11階建・那覇空港から車で20分	㈱ケン・コーポレーション

前、二〇一六年と比較すると、五年間で四三九軒増えている。ちなみに、一年当たりホテルは八八軒の割合で開業していることになる。内訳は、大規模、中規模、小規模があり、大規模ホテルは収容可能人数が三〇〇人以上だが、二七軒のホテルが開業している。圧倒的に多い一〇〇人未満の小規模ホテルは、三五一軒となっている。

結果として、今、沖縄県の収容人数は一日ざっと一六万七〇〇〇人、約一七万人が宿泊できる施設がある。年間になおすと六〇〇〇万人の受け入れが可能という施設が出来上がっていることになる。ちなみに、五年前までの五年間では三三軒のホテルしか開業しなかったが、一三倍のホテルが開業という実態がある。要するに、沖縄のこれからの発展の可能性をホテルの経営陣が判断したといえる。

実は、先ほどの琉球ホテル&リゾート名城ビーチは、実は四四三室だけれども、四〇〇億円の資金を調達して、非常にラグジュアリなホテルを造っている。私はケン・コーポレーションの佐藤創業者と夕食懇談会もしていろいろお話を聞いたが、沖縄の発展の可能性を非常に高く評価されていて、まだまだこれからもホテルを造っていくという話もされていた。

そういうかたちで、沖縄の発展の可能性、アジアの中心として大きく発展していく可能性がいろんなところで言われている。今回ホテルだけを申し上げたが、ＩＴ関連も含めて精密機械産業なども沖縄に進出してきて、沖縄の今後の発展をいろいろ支えてくれるだろうと期待している。

あと一つ加えると、一つの大きな可能性として、沖縄近海の海底に大量の鉱物資源が眠るといわれる。これは経済産業省が発表している。図3の四番目の帯に、独立行政法人エネルギー・金属鉱物資源機構

（JOGMEC）が、経済産業省の系列の独立行政法人だが、こういうことを言っている。沖縄海域の海底に賦存する金や鉛の鉱物資源は、陸上の中型鉱山と同じような埋蔵量があることを発表した。試算したのは、沖縄本島北部一〇〇キロの伊是名海域。三四〇万トンの埋蔵量で金、銀、銅、亜鉛などが含まれるという。これを採掘することが行われ、世界初の大量採掘に成功。沖縄近海の海底から鉱物資源を吸い上げている。非常に小さく砕いて、一〇センチ規模のパイプで吸い上げているが、これは世界初の技術と発表されている。

　加えて、メタンハイドレート。これは天然ガスだが、日本近海を含めてかなりの量、一〇〇年分以上の鉱物資源があるといわれる。要するに、沖縄近海に鉱物資源がたくさん埋蔵されている可能性がある。実は日本が海洋基本法をつくったのはまだ九年前、二〇一三年。だからまだまだこれか

図３　海洋資源開発　沖縄近海海底に大量の鉱物資源

2013年（H25年）4月「海洋基本計画」を閣議決定

- 海洋資源の研究・開発を 国家プロジェクト として推進
- H30年代後半に商業化を目指す
- 同年12月、新たな「海洋エネルギー・鉱物資源開発計画」を策定

2015年（H27年）5月一般社団法人沖縄海底資源産業開発機構設立（OSR）

- 熱水鉱床など沖縄近海の海洋資源の有効活用を通して新たな産業創出と自立型経済構築に取組む
- 海底資源産業に関する技術拠点形成の研究支援
- 中央官庁や関連機関と連携し各活動の支援・人材育成・地場産業の育成支援・「沖縄モデル」の構築、他

琉球大学産学官推進連携機構と有識者委員会が発表

- 沖縄の海洋産業の市場規模、5,365億円（2015年）→1.6倍の8,581億円（2025年）へ拡大
- 内訳は熱水鉱床開発産業1,200億円、洋上風力発電産業876億円、既存市場1,100億円の増加

独立行政法人石油天然ガス・金属鉱物資源機構（JOGMEC）の活動〔発表〕

- 沖縄海域の海底に賦存する金や鉛の鉱物資源は陸上の中型鉱山と同規模の2,000億円に上ると発表
- 試算したのは沖縄本島北西100キロの伊是名海穴一帯で340万tの埋蔵量で、金、銀、銅、亜鉛等が含まれる
- 世界初の大量採掘に成功・沖縄近海約1,600キロの海底で鉱床を細かく砕きポンプで海水と共に鉱物の吸い上げに成功
連続採掘16回で16.4tを引揚げ、この技術はレアメタル（希少鉱物）の採掘にも応用可
- メタンハイドレートはメタンガスと水が低温・高圧の状態で結晶化した氷のような物質で、火をつけると燃える
- 日本周辺の海底には100年分以上に相当するメタンハイドレートが埋蔵されていると経済産業省が発表

レアメタル探査権取得へ　南鳥島沖600キロ　コバルト・ニッケル・白金（経済産業省）

※「独立行政法人石油天然ガス・金属鉱物資源機構」＝現「独立行政法人エネルギー・金属鉱物資源機構」

ら開発に向かうと思われる。

そういう中で、海がいかに日本、あるいは沖縄にとって大切か、重要か。図４の白い部分がＥＥＺ、排他的経済水域といわれているところ。日本の国はちょっと小さいけれども、排他的経済水域は領土から二〇〇海里のところを指すが、二〇〇海里は三七〇キロ、つまり沖縄本島の三倍の距離がＥＥＺになる。そのため、日本の領土は国連加盟国の一九一カ国の中で六一位、中国の二〇％の領土面積だが、ＥＥＺ排他的経済水域は世界で六番目に位置づけられる。これは中国の五倍の面積にあたり、中国は一五位。ＥＥＺ・領海と領土の両方を加えると、日本はなんと一九一カ国の中で九位にランクされる。だから、ある意味では、その海洋も含めた領域が非常に大きな資源、大きな可能性を秘めている。海洋をいかに有効に開発できるか。沖縄から国へそういう働きかけをしながら、沖縄のこれからの経済発展を目指すべきではないかと思っている。

図４　日本の領海等概念図

国土面積	約38万Km²
海域（含:内水）	約43万Km²
接続水域	約32万Km²
排他的経済水域（含:接続水域）	約405万Km²
延長大陸棚 ※	約18万Km²
領海（含:内水）＋排他的経済水域（含:接続水域）	約447Km²
領海（含:内水）＋排他的経済水域（含:接続水域）＋延長大陸棚 ※	約465Km²

※ 排他的経済水域及び大陸棚に関する法律　第2条第2号が規定する海域

パネルディスカッション／沖縄の未来を考える

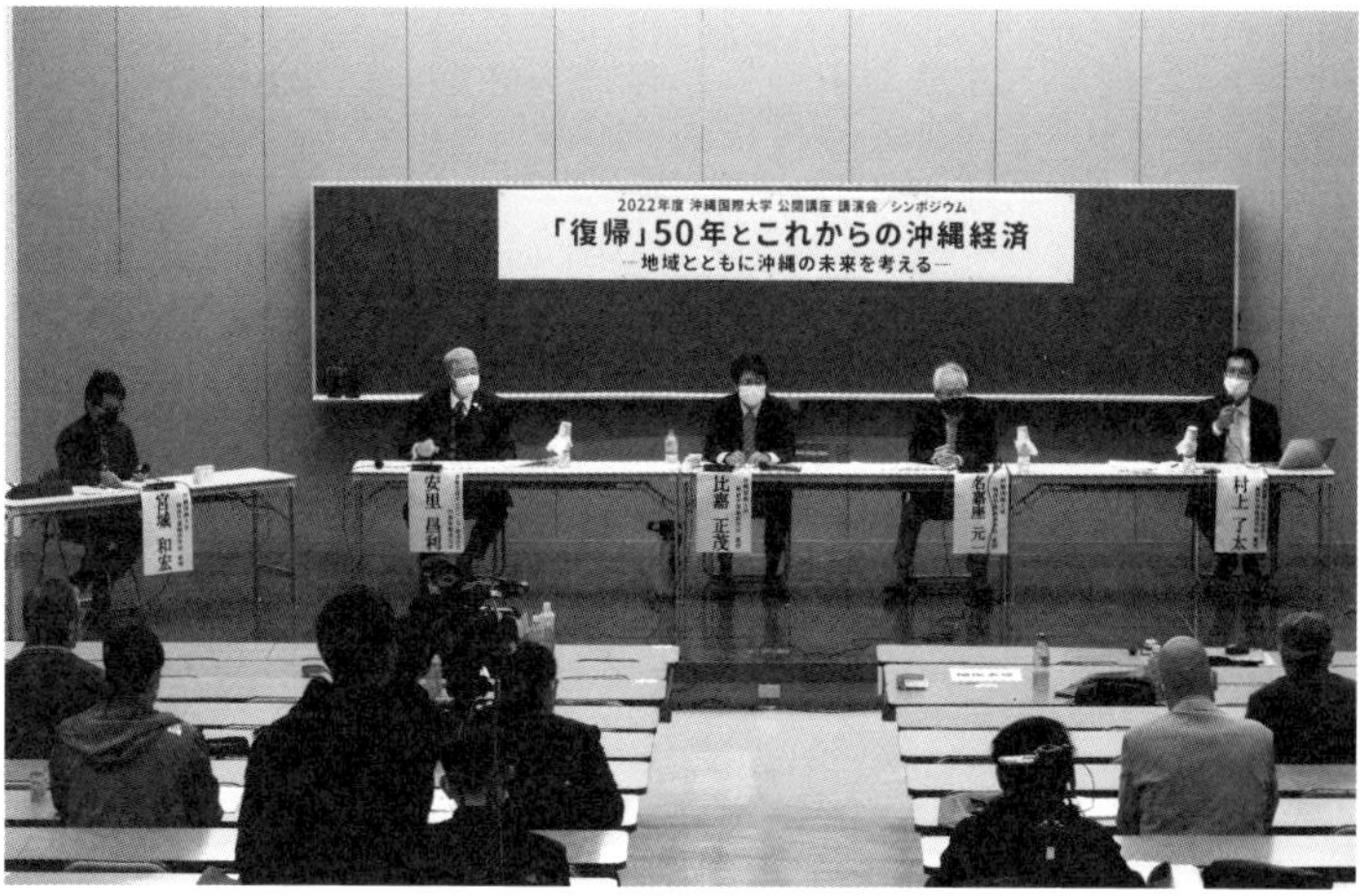

座長

宮城　和宏（沖縄国際大学経済学部経済学科教授）

パネリスト

安里　昌利（那覇空港ビルディング株式会社代表取締役社長）

比嘉　正茂（沖縄国際大学経済学部経済学科教授）

名嘉座元一（沖縄国際大学経済学部経済学科特任教授）

村上　了太（沖縄国際大学経済学部長・経済学科教授）

○座長　宮城和宏

それではパネルディスカッションに入ります。私を含めて四つの報告がありました。各報告から浮かび上がる沖縄経済の特徴があるかと思います。沖縄経済は現在二つの大きな力に影響を受けて動いています。どういう力なのかといいますと、一つはマーケットの力です。今、安里さんから話がありましたように、市場が沖縄の高い潜在力を評価して、観光業に代表される外需主導の成長をもたらしているという話がありました。入域観光客数が増えて、消費が増えると投資が増えて、雇用も増えて、有効求人倍率が上がり失業率が下がって、所得がまた増えます。それで内需が拡大して、それを見てまた投資も拡大するという拡大循環をしていく。マーケットの力があると思います。

もう一つの力は何かというと、沖縄振興予算とか政治の力ですね。この二つの力のせめぎ合いの中でマーケットの力と政治の力、今後どっちが強くなるかによって沖縄の未来も、どういう方向に向かっていくかが決まると思います。

かつては政治の力が市場の力、マーケットの力を上回っていました。公共事業主導の経済があったと思います。ただし、公共事業は、ザル経済という言葉がありますように、漏れも大きくて、公共事業中心のときの沖縄経済は有効求人倍率も一倍をずっと切っていて、失業率も高止まりしていました。しかし近年は、マーケットの力でいろいろな資本が入り沖縄県内投資も増え、観光客も増えることによってそういう経済が自然に改善していきました。コロナ禍の直前まではマーケットの勢いが政治の力を上回っていましたけれど、コロナ禍が広まると観光客も来なくなって、再び政治の力が強くなるという状況があったと思います。

安里さんのお話にもありましたように、最近だんだん回復基調に向かい、有効求人倍率も最近一倍を再び超えて失業率も低下しています。けれども、名嘉座先生の話にもありましたように、一人当たりの所得がなかなか全国最下位を脱することが難しい。あと貧困の問題です。自立化への展望が開けていないのが現状かと思います。ただし、興味深いことは幸福度が高いことです。客観的な指標は悪いけれど、主観的な指標ではいいというギャップが生まれています。

政治の力に関しては、いわゆる「沖縄振興予算」の予算編成権を政府が握っています。沖縄振興予算についても増やすか減らすかは政府次第です。これで基地問題など対立があると蛇口を絞ります。そういうことがあって、非常に政治化が進み、最近、国の裁量がどんどん拡大して県の裁量が縮小しています。なかなか自分でコントロールしていく自律、自ら律する部分の自律化というのが進んでいません。形骸化している部分があったと思います。だから今後の沖縄経済を考える場合は、この二つの力が今後どう展開していくか、それ次第だと思います。

以上を受けて、このパネルディスカッションでは、これからの沖縄経済はどうなっていくか、いろいろな課題を踏まえた上でどのような方向性、未来を目指すべきかについて議論していきたいと思います。

最初に、安里さんは、これまでアジア経済戦略構想や大交易会に携わり、現在も那覇空港ビルディングの社長をされているということで、お尋ねします。最近、コロナ禍からだんだん回復して入域観光客数も増えてきてます。今後の展望について、いろいろな課題がある中で、例えば、観光客数を単純に増やすのではなくて量から質への転換という話もあります。滞在日数をどうやって増やしていくか。観光客はだいたい本土やアジアからが中心になっていますけれど、他の客層も増やしていくことができるか。また、年間を通じての需要に偏りがある。そうなると稼働率もなかなか上がらなくて、生産性も上がらなくて、雇用、所得にもつながらないという話があります。観光客数をただ増やすだけでなくて、どうやって需要を平準化していけるかということ、今後の展開も踏まえて少しお話しいただければと思います。

○安里昌利

ありがとうございます。沖縄の振興のためには政治の力も非常に重要ですし、あるいは先ほどの先生方のお話の一括交付金、あるいは沖縄振興予算は、非常に重要です。それに加えまして地方創生という法律ができまして、各地方とも大きく成長することを、国を挙げて目指しています。その中で非常に大切なのは、何を強みとして位置づけるかということです。沖縄県の強みを生かすことが沖縄の発展につながっていくと思います。そういうことで先ほど代表例としまして観光、特にホテルを挙げました。沖縄を中心として四時間圏内に二〇億人のマーケットがありますので、他のどの県よりもそういう意味では観光産業は非常に強みだと思っています。

観光産業は、平和産業ともいわれ、宮城先生がおっしゃるようにオーバーツーリズムに陥り、観光が島を荒らすようなことになっては元も子もありません。ですから、この問題についてはしっかりと県も、あるいは経済界も含めて本当に沖縄の観光産業の発展につながるような仕組みづくりをすべきだと思います。お互いの叡智を結集すれば十分にできますので、まず沖縄県の強みをしっかりと生かしていくということが非常に重要だと思います。

○座長　宮城和宏
　海外路線が拡充する見込みは今後ありますか。

○安里昌利
　現在、那覇空港に国際線が戻っていまして、韓国、台湾、香港から海外の航空会社一〇社が沖縄に飛んでいます。来月から一二社になります。中国からは今まったく飛んできていませんけれども、この路線拡充には非常に私は期待しています。特にLCCを持つ航空会社が沖縄に飛ばしたいというようなことが、かなり情報として引き合いがあります。海外からの誘客も十分可能性があると思っています。コロナ禍前までは、年間三〇〇万人という海外から観光客が入っていましたけれども、それを上回るような観光客が今後見込めると思っています。

○座長　宮城和宏
　どうもありがとうございます。名嘉座先生の自立化指標の中で貿易バランスの話がありました。今、沖縄の強みは観光ということで、外からの需要、人が入ってきて沖縄で消費して、いろいろなものを買って、貿易を補完するかたちで進んでいます。今後は、観光客に沖縄で体験して沖縄のものを食べてもらうだけでなく、そういうものを輸出に結びつけていくことも必要になってくると思いますが、そのへんに関しては名嘉座先生、どうでしょうか。

○名嘉座元一
　そうですね、やっぱり沖縄の問題として、先ほど言った貿易収支の話もありますけれども、県外からどうやって稼ぐか、県外からどうやってお金を持ってくるかというのが一番大きな課題になると思います。県も新しい振興計画の中で、今回はじめて域内自給率という指標を出しました。具体的には七三・四パーセント程度を目指すとしています。そういうかたちで現在より域内自給を高めていこうという県の強い意志があります。より多くの観光客が来て、県内産をたくさん消費するかたちで自給率をどんどん高めていこうということです。

比嘉先生の産業連関論にありますように漏れがまだまだ大きいということで、この漏れをいかに少なくするかが、今後の大きな課題になると思います。

〇座長　宮城和宏

「片荷貿易の問題」といわれるように、沖縄にはいっぱい入ってくるけれど、沖縄から持っていくものがなかなかない。沖縄に来るときには満載で来るけれど、沖縄から出ていくときは空っぽといわれますが、そのへんはどうですか。

〇名嘉座元一

そうなんですね。これは調べると実際そのとおりでした。沖縄から出す物がなかなかない。日本全国から沖縄で集荷したものを沖縄からどんどん海外へ出すという構想がありました。アジアの国際航空貨物ハブとするということで、一時期上手くいっていました。その中で県産品の割合はほんの五％足らずです。ということで、せっかくこのようにうまい仕組みはあるのに、なかなかうまく活用できていないことが一番大きな課題だと思います。

〇座長　宮城和宏

沖縄の強みは観光業ということで、今後それが伸びていくことは間違いないと思います。県が毎年、観光に関するアンケート調査をやっていて、例えば、沖縄の発展に観光が重要な役割を果たしているかどうか尋ねると、八二・八％が「とても思う」「やや思う」と答え肯定的です。ただし、観光が発展すると生活も豊かになると思うかという質問に関しては五二・六％に止まっています。しかも観光が発展することで生じる効果を例示した上で、重要な役割を果たしているという方は八三％ぐらいです。だけれど、それで豊かになるかどうかを聞くと肯定的な答えは五三％弱に下がってしまう。あと、興味深いのは、観光が発展する沖縄に居住することで幸せを感じられるか、ということに関しては、そう思うという人はさらに下がって四七・四％となります。

観光産業はリーディングセンターなので、みんなが働きたくならないといけない業種だと思うにもかかわらず、観光業への就業意向、つまり、未就業者でまだ働いていない人で働きたいか、という質問に関しては、働きたいという人が一七・一％しかいない。未就業者の子供がいる人に聞くと、またさらに下がって一二・三％になってしまいます。

実際、学生を見ていると、観光業に行きたいかと聞けば、誰も行きたくないと答えます。その背景にはさっき言った非正規の問題とか、賃金が安いとか、そういう問題があります。これは村上先生にちょっとお聞きしたいと思いますが、このリーディング産業としての観光業の潜在力はマーケットの力として非常に高い潜在力がありますけれど、それと県民の意識のギャップ、これをどう考えたらよいでしょうか。何か原因はありますか。

○村上了太

教育業界、沖国大で勤めていても感じますが、毎年卒業生を輩出する中で、観光が盛んだという意識があったとしても、不動産とか、ＩＴとか、そちらに就職する傾向があります。これこそ雇用のミスマッチというか、人材を欲しい業界と学生が働きたい業界が違うというのはあります。宮城先生がおっしゃるとおり、ちょっと若者の意識とリーディング産業とのギャップは感じます。

○座長　宮城和宏

比嘉先生、それについて何か意見ありますか。

○比嘉正茂

今回この新しい沖縄振興計画で「稼ぐ力」というキーワードが出てきています。これは先ほどの観光業界の話にも通じ、他の産業にも通じます。この「稼ぐ力」に関する万国津梁会議では県民所得を上げるという話ではなくて、そこからさらに一歩踏み込んで一人ひとりの雇用者の報酬、給与所得を上げることを目標にこの会議が行われています。観光産業について、給与所得や賃金で、その業界に向かいたいなと思わせるインセンティブを設計しないと意識は変わらない。単に私たち教育者がそこに行くようにと言ってもなかなか難しいのかなというところがあります。個人的には、今回の新しい振興計画の「稼ぐ力」の部分が、どういうかたちで展開されていくかというところは非常に注目をしています。

○座長　宮城和宏

「稼ぐ力」というのは、沖縄経済全般に言えることです。一人当たりの所得が低いということは生産性が低いことを意味しています。「稼ぐ力」というのは、就業者一人当たりの付加価値をいかに高くしていくかという課題ですが、沖縄の場合リーディング産業であり強みの産業である観光業に対して、誰も行きたくないとなると、やはりちょっと大きな問題点があると思います。

次の話にいきたいですが、沖縄の低所得、貧困という問題があります。名嘉座先生がその理由についていろいろ話されていましたけれど、低所得、貧困の問題については、大きく二つの考え方、見方があると思います。一つは、個人、経営者とか労働者とかの資質の問題。例えば、向上心がないとか、変化を好まないとか、無批判とか、自尊心が低いとかです。そういうことを沖縄の文化的、あるいは社会的規範の問題に還元します。あともう一つは、経済学では歴史経路依存性というのがあります。例えば、沖縄の経済の歴史を見ていくと、ある推計値によれば、「琉球処分」の直後では所得が実は今よりも高かったことがわかっています。全国比で八割ぐらいありました。沖縄戦の直前には三割ぐらいに減って、ソテツ地獄がありました。それで海外移民、県外へ出稼ぎに行きました。それで終わりではなく、その後すぐ沖縄戦に入っていきます。踏んだり蹴ったりで、沖縄戦で打撃を受けて、沖縄戦が終わったと思ったら米軍統治下に入って、子供の福祉がまったく放置されたような状況があり、そういう歴史的な流れの中でつくられてきた社会構造、社会経済的な制度があります。制度というのは人間を動かすインセンティブの構造です。

例えば、北朝鮮と韓国は同じ民族ですけれど、貧困、一人当たり所得のギャップがすごいではないですか。これは北朝鮮の人の資質に問題があるからそうなっているわけではなくて、歴史、制度の違いがつくりだしているものでしょう。他にも、改革開放前の中国と香港、だいぶ経済格差がありました。これは中国大陸の人が改革開放前は怠け者だったからそうだったかというと必ずしもそうではないと思います。こういう個人的な資質に還元する考え方と歴史的に形成されてきた制度や構造に還元する見方があると思うのですけれど。これについて名嘉座先生はどういうお考えがあるか教えていただければ。

〇名嘉座元一

ありがとうございます。今のお話ですけれども、ちょっと誤解していただきたくないのは、沖縄の文化とか、そういったものが決して低いとか、優れていないとか言いたかったわけではなくて、現状としてこういった現状維持社会が、築かれてしまっているということを踏まえて、じゃあ今後どうしたらいいのかなというのを考えてみました。

これについて象徴的なことが幸福度指数に表れていると思います。貧困度は全国一高いにもかかわらず幸福度は比較的高い。どういう県民性でそんな認識になっているか、いろいろ考えてみたかったわけです。歴史性とか制度性というのはもちろん重要だと思いますが、なかなか自立できないという現状をどうしたらいいか考えてきました。

実は私も県の第二次、第三次振興計画のフレーム作成にずっと関わってまいりまして、制度的な補助を多く受けながら、なぜ自立化がなかなか進まないのだろうと常にジリジリした思いがありました。その原因をいろいろ考えたかったという思いもあります。もちろん様々な振興策は県も国もやっていますけれども、その割にはなかなか自立に向かっていかない。その根本原因というのは、県民性というのも一つ大きな要因としてあるかもしれないと思い至るようになりました。もちろんそれだけが一つの原因で自立できないのではありません。制度的な問題とか、それから先ほど私の講演でも申しましたように支援策、施策の効率性と申しますか、本当にこの施策が自立化に向かうために効いているのかどうか。本当に細かく検証して、もっと有効な施策を打つことも一つ大きな課題ではあると思っています。

〇座長　宮城和宏

どうもありがとうございます。比嘉先生、よくインセンティブの話をされていると思いますが、どうでしょうか。

○比嘉正茂

今、沖縄の主観的幸福度が高いということですよね。私は講義でこの話をするときに、レファレンスポイントという考え方を使います。レファレンスポイントというのは、その人の幸福度は、身近にいる人との比較で、その本人の幸福度が左右されるということです。何を言いたいかというと、もしかしたら沖縄県民が比較対象として、どこか他の県と比較することにあまり馴染みがない。他県との比較をしないのは沖縄が他の地域と物理的に離れているせいもあるのかもしれません。もしかしたら沖縄県ではそういった他の地域と比較する機会が乏しいなかで、こういった幸福度調査が行われていないか、少し懸念しています。そのあたりどうですか。

○名嘉座元一

確かにそういった面もあるとは思います。ただし、先ほどなぜ幸福度が高いかという要因の中で、人間関係の濃密度、友達も多いこと、模合なども含めて、いろいろなイベントや行事への参加率も全国一高いということもありますので、私はこのあたりの人間関係の深さが幸福度の高さにつながっていると思います。これは沖縄県だけでなく地方にいけば強くなるかもしれません。前に紹介した幸福度調査は東大が二〇一〇年頃に実施したものですが、その中でも、沖縄を含めて九州地方は、比較的所得が低い割に幸福度が高いと位置づけられているので、そういった関係もあるのではないかと思います。

○村上了太

幸福度でよく言われるのがＧＮＨです。国民総幸福量が高い国としてブータンがよくいわれていますが、番組を見ますと、ネットが若者に広がるといろいろな情報を世界各地から知ることができ、果たしてブータンという国も幸せかどうか疑うようになってきた。これは比嘉先生もおっしゃったとおり、相対的な意味でも幸福度は変わってきた。そのあたり沖縄の特徴でしょうか。どうでしょう、名嘉座先生。

○名嘉座元一

今言った外の情報との関係なのでしょうか。確かにそうです。北朝鮮やブータンなどは。ですが、沖縄では時間的な推移でみても幸福度の高さは、変わってないです。情報がネットを通して、SNSを通して、ある程度沖縄の県民にもいろいろな外の情報は伝わっているはずだけれども、幸福度が比較的高いままというのは沖縄の特殊性かもしれないと思います。

○座長　宮城和宏

名嘉座先生の報告で、最後に主観的な幸福度だけではなく、客観的な自立化指標も上げるべきだという話がありましたけれど、確かにそのとおりだと思います。主観的に幸福だから、じゃあ一人当たりの所得が低くていいのかというと、そういうわけではありません。やはり自立化指標も併せて上げていくということが、今後必要になると思います。

ちょっと話変わりますけれども、村上先生のほうから問いかけがいくつかございます。ちょっと説明いただけますか。

○村上了太

フロアの皆さんへ少し資料が間に合わなかったので口頭で問いかけをしていきたいと思います。後ほど活字になったらその分も反映させていただきます。私は平成一一年に沖縄へ来て、いろいろと沖縄経済を学んでおりますけれども、例えば今日配られている比嘉先生の配布資料の四ページに過去の沖縄振興開発計画は四段階あるということがまとめられています。その際に、昨年度まで「自立的発展」という文字が刻まれています。今年度からの新計画では自立は消えていますけれど、調べて見たらやっぱり文中に自立という文字が書かれています。外部の目線からすると、この自立ということについて問いかけが必要と思います。今日、パネリストの先生方にお配りしていますが、一つ目の問いかけは沖縄経済にとっての自立はなんぞやということです。そういったものが、どう描かれているかというのが一点目です。

二点目が、なぜ沖縄経済には自立が求められているか。私は四国の愛媛県で、この話は聞いたことがありません。

三つ目、では自立した事例というのは、どこにあるかということです。例えば、地方交付税交付金というのがありますが、東京都とか、原発や空港を持っている地域、成田など交付税不交付団体があります。計七三団体あるようです。そういった事例を目指すのか。どういった地域を沖縄経済が目指しているのか、というのが三つ目です。

四つ目です。振興開発計画は、予算が上がったり下がったりして、政治的問題と宮城先生はおっしゃっています。四番目の問いかけとしては、自立経済といいながらも予算を獲得している限りでは、自立という言葉自体が、自立経済を阻害しているキラーファクターではないかと思っています。ではそういった意味でパラダイムシフト、沖縄経済の自立に向けたパラダイムシフトがどこかで必要ではないかと疑問に思ったところが四点目です。少しお考えをご説明いただければと思います。お願いします。

○座長　宮城和宏

特に地方財政がご専門の比嘉先生が一番お答えするのが適切かなと思います。

○比嘉正茂

「自立」とは何かということですが、私は講義でも論文でも、この自立という言葉をあえて使わないようにしています。自立型経済がどうこうとか、それに対して反対しているとかではなく、自立経済を目指すということについて心情的にはすごく理解できるのですが。自立について、いろいろな先生方がいろいろな定義をされていて決まった定義はなく、自立という言葉には曖昧なところがあります。ですから私は講義でも自立という言葉は使いません。それは別にマイナスな意味ではありませんが、なかなか私自身が、この自立経済ということを定義できていないということです。

そういった中で一つだけ申し上げるとすれば、おそらく沖縄の場合には、歴史的な経緯でも、基地問題もそうですが、なかなか自分たちが思い描くような社会に向かえないとか、自分たちの願いが通じないとか、いろいろな歴史的な部分も含めて、より広い意味での自立という使い方がされているという感じがします。

○座長　宮城和宏
名嘉座先生、お答えになりますか。はい、どうぞ。

○名嘉座元一
私は自立という言葉をたくさん使っていますので、ちょっとお答えしたいと思います。最初の質問についてです。沖縄経済にとっての自立とは何かというと、私が考えるには財政依存度が低くなること。少なくとも低くなることが、一つ自立なのかなというふうに経済的に見ます。

質問三とも重なりますが、自立した事例として、東京都などを挙げられますけれども、我々が求めているのは決して東京みたいな不交付団体になることではありません。先ほども言った、いろんな指標をご紹介しましたけれども、その自立の方向に向かっているかどうかが、我々にとっては大切なことと考えています。今のところ残念ながら指標を見ても自立の方向には向かっていないというところがございます。沖縄県だけで自立することはまず不可能だと思いますので、財政的な依存度をいかに低くして、自分たちで生産性を高めて外から稼ぐものをどんどんつくっていくか。要するに成長のエンジンと昔言われましたが、内発的エンジンをいかに高めていくかが、沖縄県にとって大きな課題、まだまだ達成されていない課題でしょう。これを達成できれば政治に翻弄されない経済構造が築けるのではないかと思います。

○安里昌利
プロジェクター一五ページを出してもらいましょうか（図1）。沖縄の経済自立ということがよく言われますけれども、私の理解としましては、まずは経済基盤を確立すると、それに結果として、全都道府県の中で一人当たりの県民所得がワーストを脱却するという趣旨が込められていると思います。

沖縄の中で考えるよりも、少し海外に目を転じてみましょう。実はシンガポールは一九六五年に独立して、かれこれ五七年になります。沖縄のだいたい三分の一ぐらいの面積しかありません。現在は人口が約五〇〇万人、沖縄が百四十数万人ですが、実は非常に貧しい国から大きく発展して、今やアメリカを上回る一人当たりの所得があります。発展した理由は何かというと産業の強化です。

図１　沖縄県とシンガポールの人口推移

（単位：千人）	沖縄県	シンガポール
1950年	699	1,022
⋮		
1960年	801	1,634
⋮		
1965年	934	1,880
⋮		
1970年	945	2,074
⋮		
1980年	1,107	2,415
⋮		
1990年	1,222	3,016
⋮		
2000年	1,318	3,918
⋮		
2010年	1,393	5,079
⋮		
2015年	1,433	5,540
2016年	1,439	5,610
2017年	1,443	5,610
2018年	1,448	5,660
2019年	1,455	5,703
2020年	1,459	5,685
2021年	1,469	5,453

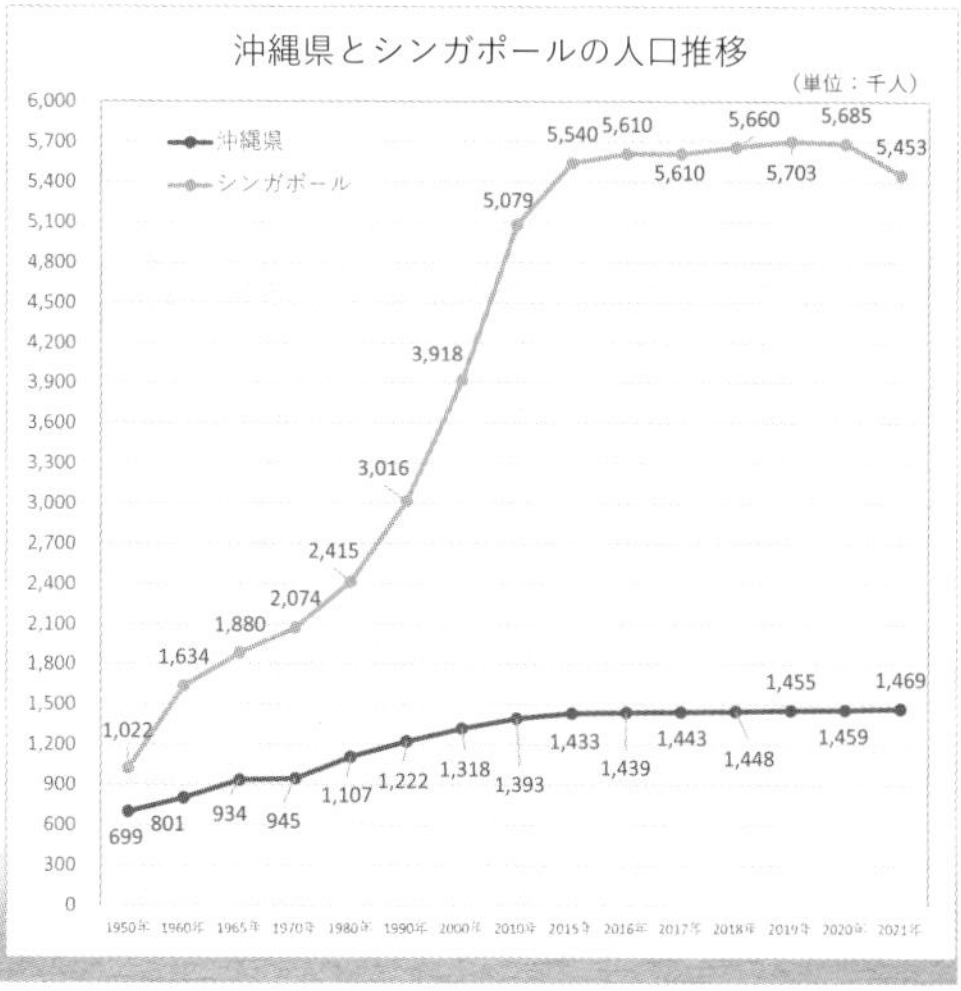

グラフの一番端一九五〇年、沖縄とシンガポールの人口の差はだいたい三〇万人ぐらいです。シンガポールが企業誘致をしています。企業誘致をして産業振興政策を強力に推し進めて、産業がどんどん伸びるとともに、人口がぐんぐん増えています。産業が伸びれば経済を求めて、仕事を求めて人口も増えます。そのように非常に好事例がシンガポールにあります。独立した時はマレーシアから、あなたたちの面倒まで見られないから独立しろというふうに切り離されました。当時のリー・クアンユーという人が五〇年ぐらい首相を務められ、国を繁栄させるために産業を誘致して、自分の国の技術を高めて所得を増やす、生産性を高めるということをやっています。

実は沖縄県もけっこうな産業誘致をしていまして、先ほどのホテルの数も観光地形成促進特区というのがあり誘致しています。私は県のアジア経済戦略構想の委員もしていまして、一人当たりの県民所得の直近の動きについてデータをちょっとまとめてみました（図２）。コロナ禍前の二〇一八年、沖縄の県民所得はその五年前どうだったのかといえば、一人当たりの県民所得の格

図２　沖縄県アジア経済戦略構想推進計画の総括

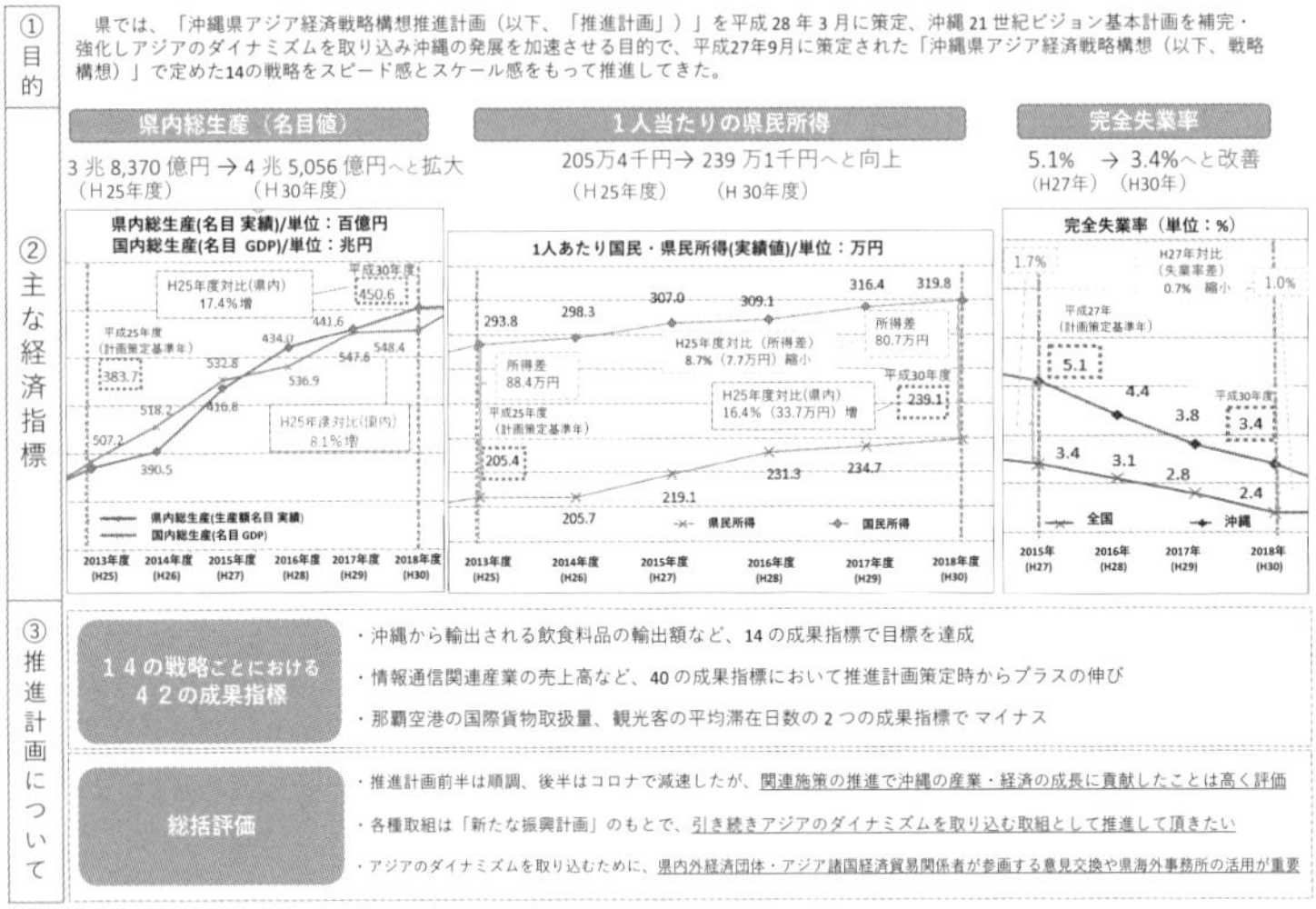
①目的
県では、「沖縄県アジア経済戦略構想推進計画（以下、「推進計画」）」を平成28年3月に策定、沖縄21世紀ビジョン基本計画を補完・強化しアジアのダイナミズムを取り込み沖縄の発展を加速させる目的で、平成27年9月に策定された「沖縄県アジア経済戦略構想（以下、戦略構想）」で定めた14の戦略をスピード感とスケール感をもって推進してきた。
②主な経済指標
県内総生産（名目値）
3兆8,370億円→4兆5,056億円へと拡大
（H25年度）（H30年度）
1人当たりの県民所得
205万4千円→239万1千円へと向上
（H25年度）（H30年度）
完全失業率
5.1% → 3.4%へと改善
（H27年）（H30年）
県内総生産(名目 実績)/単位：百億円
国内総生産(名目 GDP)/単位：兆円
H25年度対比(県内) 17.4%増
H25年度対比(国内) 8.1%増
平成25年度（計画策定基準年）
平成30年度
県内総生産(生産額名目 実績)
国内総生産(名目 GDP)
1人あたり国民・県民所得(実績値)/単位：万円
所得差 88.4万円
所得差 80.7万円
H25年度対比（所得差）8.7%（7.7万円）縮小
H25年度対比(県内) 16.4%（33.7万円）増
県民所得
国民所得
完全失業率（単位：%）
H27年対比（失業率差）0.7% 縮小
平成27年（計画策定基準年）
全国
沖縄
③推進計画について
１４の戦略ごとにおける４２の成果指標
・沖縄から輸出される飲食料品の輸出額など、14の成果指標で目標を達成
・情報通信関連産業の売上高など、40の成果指標において推進計画策定時からプラスの伸び
・那覇空港の国際貨物取扱量、観光客の平均滞在日数の2つの成果指標でマイナス
総括評価
・推進計画前半は順調、後半はコロナで減速したが、関連施策の推進で沖縄の産業・経済の成長に貢献したことは高く評価
・各種取組は「新たな振興計画」のもとで、引き続きアジアのダイナミズムを取り込む取組として推進して頂きたい
・アジアのダイナミズムを取り込むために、県内外経済団体・アジア諸国経済貿易関係者が参画する意見交換や県海外事務所の活用が重要

差が八八万円でした。けれども二〇一八年には七万円余り差が減り、八〇万円まで縮小しています。要するにこのアジアの中心地になる中で経済が少しずつ動き出してきているといえます。沖縄県は一人当たりの県民所得は二〇五万円だったのが、五年後の二〇一八年には二三九万円まで伸びました。三三万七千円増えています。全国平均はその間二六万円しか伸びていない。ですから全国平均よりも大きい割合で伸びています。二〇一三年から二〇一八年まで、県民所得の全国平均は伸び率が八・八％に対して、何と沖縄は一六・四％と、全国平均の二倍近くに増えています。

貧困の問題もありますが、過去の経緯や歴史など、沖縄はかつて東京や大阪から見ると辺境の地でした。先ほどの先生方のお話にもございましたけれども、製造業が育たない、製品をつくっても輸送コストがかかり競争力をつけられない。そういう中で、沖縄の地の利も生かして、どんどん観光客が増え、観光産業がリーディング産業になりました。そうした中で経済がちょっと動き出しているという印象を持っています。

その間、完全失業率も二〇一五年は、全国平均

が三・四％に対して沖縄が五・一％と、一・七％の差がありましたが、これが二〇一八年には一％に縮小しました。沖縄が三・四％、全国平均で二・四％ですから、少しずつですけれども全国平均に比べて沖縄のほうがマグマのように動きだしています。

これをいかにして沖縄経済を大きく発展させるかは、基本的には産業振興政策、特に優良企業をいかに誘致できるか、にかかっています。シンガポールも中国も先ほど申し上げましたように、一流企業を誘致して結果的に技術移転をして大きく発展しました。沖縄も企業がどんどん進出する中で一人当たりの県民所得も伸びていますので、ぜひ県の産業成長戦略あるいは産業強化戦略として、しっかりと位置づけしながら企業誘致を図るべきだと思っています。

自立がなぜ必要か。裏返しますと、貧困からの脱却だと思います。貧困から脱却するためには自立が必要です。なぜ貧困が悪いかと言いますと、所得格差は教育格差に繋がっていきます。沖縄の若い人たちは非常に大きな能力をもっていますけれども、所得が低いがゆえに発揮できない。我々経済界も、所得格差は教育格差だという認識で、何としてでも経済を伸ばしたいと取り組んでいます。明確な定義の問題はあるかと思いますけれども、自立あるいは自立の必要性というのは、私の理解としましては、経済の基盤確立、あるいは一人当たりの県民所得ワーストワンからの脱却だと思っています。シンガポールをもっと研究してくださいと盛んに県に言っています。海外にちょっと目を向けると非常に好事例があります。

○座長　宮城和宏

どうもありがとうございます。比嘉先生、地方交付税の話が三番目の質問に出ていましたが、いかがでしょうか。

○比嘉正茂

まず、地方交付税にしても、沖縄振興予算の中身である国庫支出金にしても、沖縄だけに特別にある補助金ではないということを理解する必要があります。わが国では、地方交付税が自治体間の財政力格差を是正する役割を担っていますし、国庫支出金は国策の推進等の目的で自治体に交付される補助金です。当然、地方交付税も国庫支出金も沖縄県にも他の県にも交付されています。つまり、沖縄県もそうした「国と地方の財政関係」の枠組み（財政制度）のなかで、財政運営がなされているということです。

○座長　宮城和宏

地方交付税はどの県ももらっている補助金です。一般財源で非常に使い勝手がよいです。ただし、一人当たり地方交付税の額を見ると沖縄はけっこう低いです。国庫支出金は高いですが、そういうのがあったりします。

そろそろ時間も押してきています。先ほどフロアから質問をいろいろいただいていますので、それをいくつか、全部はたぶん回答できないと思いますが、主なものをいくつか拾って回答していただけますでしょうか。安里さんからお願いしてよろしいでしょうか。

○安里昌利

私へのご質問は、「最近、特に北部で富裕層向けの大型リゾート開発が計画されているが、本当にそれでいいのでしょうか。コロナ禍などでそのたびに、好不調の反動で経済が混乱しましたが、沖縄の海を含む自然だけを売りにするのではなく、不便を売りにする観光を目指すのは非現実的でしょうか。」という内容です。先ほどちょっと申し上げましたように、やはり沖縄は経済を伸ばして貧困から脱却して、子供たちの教育も拡充しなければいけないと思います。沖縄はアジアの中心地にあって、観光地としてある意味、自然発生的に大きく成長しています。ですから、その強みをしっかりといかす。その中で、ただ野放しでは絶対いけないと思います。オーバーツーリズムという表現がありますけれども、オーバーツーリズムが言い出されると、観光産業そのものの否定に繋がります。ですから、行政、経済界あるいは地元も含めて、しっかりとオーバーツーリズムにならないように、文化や自然を大切にしながら観光産業を発展させなければならない。基幹産業である観光産業をこれからも伸ばしていくべきだと考えています。

それともう一点ですが、一括交付金が減少していることです。安倍首相がずっと三〇〇〇億円を約束していましたけれど、その約束の期限が切れてしまうと、どんどん落ちて、二六〇〇億円台になっています。これについては経済界からも沖縄の振興のために強く要望しています。

沖縄県がアジアに一番近い日本として大きな発展の可能性を秘めているという表現を国もしています。つきましては、フロントランナーとして日本経済を牽引してほしいことを閣議決定もしています。それも含めて沖縄の経済振興をするために、やはり予算もしっかりと付けるべきでしょうと、経済界からは国に対しても要望を繰り返しています。予算は何としても三〇〇〇億台に戻して伸ばすべきだというのが、経済界の一致した意見と思っています。

○座長　宮城和宏
どうもありがとうございます。続いて比嘉先生お願いします。

○比嘉正茂
ありがとうございます。ご質問では非常に重要なご指摘をいただいています。どうして他県で国庫支出金プラス国直轄事業費と呼んでいるのに、沖縄では沖縄振興予算という呼び方になるのかというご質問です。沖縄だけ特別感が出て誤解する原因になっているのではないかというご指摘ですが、まさにそのとおりだと私も思います。

沖縄振興予算が誤解される要因は、「内閣府への予算の一括計上」ということも影響していると思います。沖縄は一九七二年に本土復帰しますが、それ以前は米国の統治下にありました。米国統治から日本の社会経済システムに移行していくなかで、沖縄県から国への予算要求や沖縄振興等が円滑に行えるようにと、沖縄開発庁が設立されて同庁が予算要求や振興計画等を一元的に担うことになりました。

二〇〇〇年代に入ると沖縄開発庁は内閣府に再編されて、現在は内閣府の沖縄担当部局として沖縄振興予算があります。別の方の質問には、「一括計上」という予算の獲得方法を変えた方が良いのではないかとの指摘もありましたが、私も予算の一括計上の是非については本土復帰五〇年を機にもう少し議論が高まってほしいと思っていました。

ただ、沖縄県ではこれまで予算の一括計上についてメリット・デメリットをあまり検証せずに、ここまできたという感じもします。過去に新聞社が県内市町村の首長に予算の一括計上の是非についてアンケートを実施したことがありました。そのアンケートでは、多くの首長が「予算の一括計上は沖縄振興を一体的に進めるうえで有効である」と答えていました。もちろん、予算の一括計上が沖縄振興を一体的に進めるうえで有効である可能性はありますが、他方で、では一括計上を採用していない他の県は一体的に地域振興ができていないのか。そのあたりを比較検討する必要があるように思います。

沖縄振興予算の一括計上については、現状（一括計上）を変更したときにどうなるのか、予算要求に関わる県や県内市町村も、そして県民もいまだイメージできていないように思います。では一括計上を続けるという「現状維持」で何か問題があるのかというと、「沖縄だけ特別にもらっている予算」と誤解される問題はあるけれど、その問題以外には特に不都合がないのであれば、それなら一括計上方式を継続しようということになっているのかもしれません。

○座長　宮城和宏

名嘉座先生お願いします。

○名嘉座元一

ご質問、ありがとうございます。いくつかございましたけれども、重なっている部分もありますので、二つぐらい紹介しようと思います。一つ目は、沖縄の貧困問題は沖縄の人々に原因があるだろうという解釈でいいのか、ということです。一部はあると思いますが、それがすべてではないと思います。もちろん、先ほどから言っていますように、県の政策のあり方について検証が必要です。政策が本当に有効か、沖縄県経済の自立化に貢献しているかどうか。しっかり検証し、有効なものを抽出していくことが重要です。政府の財政もだんだん限られていますので、優先順位などもしっかり考える必要があります。

それに加えまして、先ほど触れたように、県民の意識もある程度、要因になっているのではないでしょうか。これは、特に経営者には意識の問題があると感じています。最近いろいろな経営者にインタビューしていますが、特に、インタビュー先というのは中小零細の企業ですけれどもけっこう成功し、コロナ禍でも上手く事業を展開させた企業です。その経営者のお話を聞いても、「やっぱり沖縄の経営者は一般的に自分中心に考えている。どうしたら自分の生活とか家族が良くなるのか考えていて、従業員についてあまり考えていないとか、会社としての理念もあまり持っていない。」と、けっこう口を揃えておっしゃっていました。県民の意識と呼ぶようなものが表れているのではないかと強く感じました。

それから、もう一つの質問ですが、これは人材育成に関してです。私の方で時間がなくてあまりしゃべれなかったですけれども、高度人材というのはどんな人たちですか、という質問がありました。人材育成は重要だと思います。一括交付金の中にソフト事業とハード事業がありますが、これまではハード事業中心できています。ソフトの中でも特に人材育成に注目しますと、全体に占める割合は、本当に低いままに止まっています。人材育成は直接すぐ効果が見えるものではなく、時間がかかるものですけれど、これが一番必要です。その中でも特に高度人材は、例えばＩＴ産業ならば、ネットワーク管理者とか、観光産業ならば、マネジメントできる人のことです。そういう人たちを、しっかり育成する必要があると思います。そうすることによって全体的な人材の質が底上げでき、人材の質全体が上がります。そうすると、生産性が全体的に上がるので一人当たりの県民所得も増え、貧困の問題も、ある程度解消できるような方向にいくのではないかと思っています。

○座長　宮城和宏

どうもありがとうございます。私にもきているので一つだけ回答したいと思います。生産性主導の成長として、具体的にどのような仕事をイメージしているのかという質問です。基本的にリーディング産業の生産性が上がらないと全体の賃金も所得も向上しません。観光業では、入域観光客数が季節によって多かったり少なかったりすると、稼働率が安定せず、年間を通じての付加価値が安定せず、一人当たりの所得も賃金も低くなってしまいます。だから、夏だけではなく一年を通して一定程度の観光客に来てもらう必要があります。海や沖縄の海はきれいですが、冬は泳げません。海や空だけに頼らない観光を目指すことになります。

例えばもっと文化とか、歴史とかを前面に打ち出す。文化や歴史は他の地域は真似できません。差別化がしやすくなるわけです。特に沖縄の場合、文化資源、歴史的な資源が豊富です。かつて琉球王国だったという歴史もありますので、沖縄に来たら日本とは違う異国に来たみたいに感じる。日本と同じになるのではなく、日本とどんどん違って差別化していく。それをブランド化して差別化して付加価値を高めていく方向性が一つあると思います。

あとは、質問の中にＯＩＳＴ（沖縄科学技術大学院大学）の話もありますが、知的財産権で稼ぐことも非常に重要です。また、やちむん、紅型など沖縄にもともとある地場産業、これは文化の分野になると思いますが、ブランド化して高付加価値化していくべきでしょう。

ＩＴ関係の質問もありますけれど、沖縄にプラットホームをつくって、沖縄経由でいろいろなものを発信していく仕組みも必要でしょう。かつて「アクターズスクール」が沖縄にあり、人材を多く輩出しその出身者が東京で活躍しています。その後、韓国が音楽業界とか、ドラマとか、映画とかでプラットホーム化して、グローバル市場を相手に成功しています。それで、多くの才能のある人達が韓国に集まり付加価値を生み出すことにより韓国は儲かり、日本人もそこで働くという仕組みになっています。アクターズスクールでも上手くやれば沖縄をプラットホーム化して、沖縄に人材を集積させ、沖縄からコンテンツを世界に発信することにより付加価値が沖縄に集積する仕組みができたのではないかという気がします。だから、ＩＴ関係に関してもコンテンツをどうするのかというのがありますが、沖縄をプラットホーム化して沖縄から世界に発信していくことが非常に重要かと思います。

また、製造業についてですが、製造業は輸送コストの問題が大きいです。輸送コストを解決しない限りはなかなか難しい。国際物流特区とか設けていますが、企業は集まるけれど輸出は増えません。なぜかといえば輸送コストを軽減するような制度が根本的にない。港湾設備とか航路の開設とか、そういう実際物流に繋がる部分が弱い。よって、過去五〇年の経験からいくとなかなか難しい。

それで観光業が発展しているという流れがあります。

それでは最後に、もう時間もだいぶ過ぎておりますので、これまでの議論を踏まえて、沖縄の未来について一言ずつ簡潔にコメントいただければと思います。

○安里昌利

沖縄の未来は非常に明るいと思っています。大きな発展の可能性を秘めています。ですから、伸びしろが大きいと思っています。この背景にあるのが何よりも地の利です。アジアの中心地という地の利が、これから沖縄を人とモノのスクランブル交差点として大きく発展させると思っています。ぜひ、沖縄国際大学で若い人たちをどんどん育成して、沖縄の発展に貢献していただきたいと思います。ありがとうございました。

○比嘉正茂

私も安里さんと同じ意見です。沖縄のポテンシャル、潜在力はものすごく高いので、これからコロナが終息すると沖縄の経済は発展していくと考えています。沖縄県は一人当たりの所得が低いけれど、総額ベースで見ると四七都道府県のうちの三五位前後です。二〇一九年の一人当たりの県民所得は二四〇万ぐらいですが、その上に宮崎県や鳥取県がいて二万円とか三万円ぐらいの差です。沖縄だけがすごく下にいるわけではありません。これから沖縄が経済発展していけば、一人当たりの県民所得も上がっていくのではないかと思います。今後の沖縄経済に期待しています。

○名嘉座元一

私も沖縄県はポテンシャルがあると思います。ただしそのポテンシャルをうまく生かすためには、やっぱり人、人材の問題、人材育成が重要と思います。

人材育成には二つありまして、一つは基礎的人材というか、小中高校生たちが強いインセンティブを持てるような教育が必要です。

それから、もう一つは高度人材の育成です。先ほど言いましたように、マネジメント職など高い技術を持った人たちの育成が今後重要になってくると思います。そうすれば、沖縄県が持つ高いポテンシャルをうまく受け止めて生かす人材が、次々と輩出されていくと思います。

○座長　宮城和宏

はい、どうもありがとうございました。それでは長丁場でしたが、最後までお付き合いいただき感謝申し上げます。今年は復帰五〇年という節目の年です。県民の主観的幸福度が高いということは大切ですから、それを維持しつつも、次の五〇年は客観的な指標でも充実し、本当の意味で豊かな沖縄になれるよう、今後も議論を重ねていければと思います。それではこれでシンポジウムを終了いたします。

主催　沖縄国際大学公開講座委員会
日時　二〇二二年一二月一七日（土）
　　　午後二時～午後四時三〇分
場所　沖縄国際大学七号館二〇一教室

刊行のことば

沖縄国際大学学長　前津榮健

本学は開学三年目の一九七四年から、沖縄の言語学の大家である仲宗根政善先生、哲学の梅原猛先生、民族学の窪徳忠先生をはじめとする著名な先生方をお招きし、講演会を開催してきました。一九八六年には公開講座規程を定め、学内定例講座、学外講座、集中講座、講演会を開催、さらに、一九九三年度以降の学内定例講座を公開講座シリーズ、一九九五年度以降の講演会をブックレットとして刊行しています。

本学は昨年二月二五日に創立五〇周年を迎えました。日本復帰は一九七二年五月一五日ですが、なぜ本学の設立が復帰直前の二月なのかということについてご説明します。

当時、沖縄には国際大学と沖縄大学の二つの四年制私立大学が存在しましたが、両大学は復帰後に適用される「大学設置基準」を満たしておらず、復帰後、沖縄の私立大学をどのようにして存続させることができるかという大きな問題がありました。そのような状況下で、国際大学と沖縄大学の一部が統合され、一九七二年二月二四日に琉球政府より「学校法人　沖縄国際大学」の設置認可書が交付、二五日登記が完了し今日まで発展することができました（詳細は

「沖縄国際大学創立五〇周年記念特設サイト」をご参照ください）。

この三年、コロナ禍で様々な制約がある中、今年度は、久しぶりに対面形式で各公開講座を開催できました。「はしがき」にもありますように講演会の開催は一四年ぶり、さらにシンポジウム形式での講演会にいたっては約二〇年ぶりでの開催です。今回、特別にご講演をいただきました安里昌利様におかれましては、長年本学の理事、評議員も務められ、本学の発展のためにお力を貸していただき、この場を借りてお礼を申し上げます。

「地域に根ざし、世界に開かれた大学」として、この度、発行されたこの書が、これまでの沖縄経済を振り返るとともに沖縄の未来の経済を考えるきっかけとして、地域住民をはじめ、沖縄経済に関心を持つ県外・国外の多くの人々の手に取ってもらえることを願っております。

執筆者一覧

宮城 和宏・みやぎ かずひろ

名古屋大学大学院経済学研究科博士後期課程単位取得満期退学〔博士（学術）〕。現在、沖縄国際大学経済学部教授。

専門分野は、沖縄経済研究、産業組織論。

著書に『沖縄経済入門 第2版』（沖縄国際大学経済学科編、東洋企画、2020年）、『沖縄経済の構造 現状・課題・挑戦』（編著、東洋企画、2018年）、主な論文に「沖縄振興体制の構造・課題・未来について」（『琉球』3月号 No. 87、2022年）、「沖縄振興の組織と制度の構造について―沖縄振興予算を巡る政治経済学―」（『地域産業論叢』沖縄国際大学大学院地域産業研究科紀要 第17集、pp.37-69、2022年）、他に著書・論文等多数。

比嘉 正茂・ひが まさしげ

明治大学大学院政治経済学研究科博士後期課程修了〔博士（経済学）〕。現在、沖縄国際大学経済学部教授。

専門分野は、公共経済学、地域発展論、沖縄振興予算に関する研究、公共政策の定量的評価。

著書に『国と沖縄県の財政関係』「第9章 内閣府沖縄担当部局予算」（池宮城秀正編著、清文社、2016年）、「観光ビジネスにおける地域ブランドの戦略と効果：ワインツーリズムやまなしを事例に」（共著、『地域デザイン』第2号、地域デザイン学会、2013年）、主な論文に「沖縄振興予算に関わる国直轄事業費の時系列的考察」（『地方自治研究』Vol.33、No.2、日本地方自治研究学会、2018年）、他に著書・論文等多数。

名嘉座 元一・なかざ はじめ

大阪市立大学大学院前期博士課程修了〔修士（経済学）〕。現在、沖縄国際大学経済学部特任教授。

専門分野は、労働経済学、地方財政、地域経済分析、離島振興。

著書に『沖縄経済入門 第2版』「第6章グローバル化する沖縄経済」（沖縄国際大学経済学科編、東洋企画、2020年）、『大学的沖縄ガイド』（共著、昭和堂、2016年）、『沖縄における若年就業の可能性』（共著、沖縄経済環境研究所叢書、2011年）、主な論文に「アジア諸国の若年労働市場と雇用対策」（経済環境研究調査報告書 第7号、2020年）、「沖縄における若年雇用問題―ミスマッチを生む意識構造の分析を中心に―」（公庫レポート、2017年）、他に著書・論文等多数。

村上 了太・むらかみ りょうた

大阪市立大学大学院経営学研究科後期博士課程修了〔博士（経営学）〕。現在、沖縄国際大学経済学部教授、経済学部長。

専門分野は、経営学（タバコ企業の経営分析、ソーシャル・ビジネスなど）、キャリア教育。

著書に『日本公企業史』（単著、ミネルヴァ書房、2001 年）、『共同売店の新たなかたちを求めて』「企業の社会的責任と社会的企業の経済的責任―共同体的複合事業協同組合としての共同売店の歴史、現在そして将来―」（沖縄国際大学南島文化研究所編、東洋企画、2020 年）、主な論文に「ポスト株主資本主義の企業経営―生産手段の共同所有を必然とする資本主義の発達段階に関する比較考察―」（日本比較経営学会編『比較経営研究』第 46 号、2022 年）、他に著書・論文等多数。

安里 昌利・あさと まさとし

琉球大学法文学部卒業。株式会社沖縄銀行代表取締役頭取、代表取締役会長、相談役を経て、現在、那覇空港ビルディング株式会社代表取締役社長。2004 年 7 月より沖縄県公安委員会委員及び委員長。また、2012 年 6 月より社団法人沖縄県経営者協会会長、2018 年 6 月より特別顧問。2019 年 6 月より沖縄県交通安全協会連合会会長に就任。2011 年 11 月～ 2019 年 6 月には、沖縄国際大学理事・評議員も務めた。

令和 2 年春の叙勲「旭日小綬章」（金融業功労）を受賞。著書に『未来経済都市 沖縄』（日本経済新聞出版社、2018 年）がある。

※役職・肩書等はシンポジウム開催当時

沖国大ブックレットNo.15
「復帰」50年とこれからの沖縄経済
—地域とともに沖縄の未来を考える—

2023年3月31日　第1刷発行
著　者 —— 宮城和宏　比嘉正茂　名嘉座元一　村上了太　安里昌利
編　集 —— 沖縄国際大学公開講座委員会
発行者 —— 鹿毛理恵
発行所 —— 沖縄国際大学公開講座委員会
〒901－2701　沖縄県宜野湾市宜野湾二丁目6番1号
電　話　098－892－1111（代表）
印刷所 —— 株式会社 東洋企画印刷
発売元 —— 編集工房東洋企画
〒901－0306　沖縄県糸満市西崎町四丁目21－5
電　話　098－995－4444

この印刷物は個人情報保護マネジメントシステム
（プライバシーマーク）を認証された事業者が印刷しています。

2023　Printed in Japan
ISBN978-4-909647-57-3 C0033 ¥700E
乱丁・落丁はお取り替えいたします。

地域を映す
沖縄国際大学公開講座

沖縄国際大学公開講座シリーズ　四六版

1 琉球王国の時代　一九九六年発行　発売元・ボーダーインク　本体価格　一四五六円

琉球王国以前の沖縄　高宮廣衛／琉球の歴史と民衆　仲地哲夫／琉球王国の英雄群像　遠藤庄治／琉球王国と言語　高橋俊三／琉球王国の通訳者　伊波和正／琉球王国と武芸　新里勝彦

2 環境問題と地域社会─沖縄学探訪─　一九九七年発行　発売元・ボーダーインク　本体価格　一四五六円

地形図をとおしてみた沖縄─沖縄の自然と文化　小川護／沖縄の土壌─ジャーガル・島尻マージ・国頭マージの特性　名城敏／沖縄の自然とその保全─やんばるの森はいま！　宮城邦治／沖縄の信仰と祈り─民間信仰の担い手たち　稲福みき子／沖縄の地域共同体の諸相─ユイ・郷友会・高齢者など　玉城隆雄／沖縄から見た世界のスポーツ　宮城勇

3 女性研究の展望と期待　一九九七年発行　発売元・那覇出版社　本体価格　一四五六円

ノーベル文学賞と女性　喜久川宏／英米文学史の中の女性像　伊波和正／アメリカ南部の女性像　ウィリアム・ランドール／近代女性作家の戦略と戦術　黒澤亜里子／沖縄県における女子労働の実態と展望　比嘉輝幸／教科書に見られる女性労働と女性像　カレン・ルパーダス

4 沖縄の基地問題　一九九七発行　発売元・ボーダーインク　本体価格　一四五六円

沖縄の基地問題の現在　阿波連正一／米軍の犯罪と人権　福地曠昭／反戦地主、「おもい」を語る　新崎盛暉・真栄城玄徳／米軍基地と平和的生存権　井端正幸／地方分権と機関委任事務　前津榮健／沖縄社会と軍用地料　来間泰男／国内政治の変遷と沖縄基地　高嶺朝一／日米安保体制と沖縄　長元朝浩／国際都市形成構想の意義　府本禮司／基地転用と国際都市形成構想の課題　野崎四郎

5 アジアのダイナミズムと沖縄　一九九七年発行　発売元・ボーダーインク　本体価格　一五〇〇円

アジアの経済的ダイナミズム　富川盛武／華南経済圏と沖縄　富川盛武／中国本土における経営管理　天野敦央／台湾の政治と経済の発展　湧上敦夫／沖縄・福建圏域の構想と実現化─中国との共生を目指して　吉川博也／岐路に立つ韓国経済　呉錫畢／タイの経済発展　新垣勝弘／シンガポールの社会経済の発展と課題　大城保／国境地域の経済　野崎四郎／華僑のネットワーク　小熊誠／外来語にみる日本語と中国語　兼本敏／タイに学ぶ共生の社会　鈴木規之／韓国の文化と社会　稲福みき子

地域を映す
沖縄国際大学公開講座

地域を映す
沖縄国際大学公開講座

10 情報革命の時代と地域
二〇〇一年発行　発売元・ボーダーインク　本体価格一五〇〇円

マルチメディア社会とは何か　稲垣純一／沖縄県にソフトウェア産業は根付くか　又吉光邦／産業ネットワークと沖縄経済の振興　富川盛武／情報技術革新下の課題と方途―情報管理の視点から情報化の本質を考える―　砂川徹夫／情報技術の商業的な利用法について　安里肇／情報通信による地域振興　古閑純一／デジタルコンテンツビジネス産業の可能性について　稲泉誠／情報化と行政の対応　前村昌健／ＩＴ（情報技術）とマーケティング　宮森正樹／沖縄県におけるコールセンターの展望　玉城昇

11 沖縄における教育の課題
二〇〇二年発行　発売元・編集工房東洋企画　本体価格　一五〇〇円

教育崩壊の克服のために―教育による人間化を―　遠藤庄治／日本語教育から見たパラダイム・シフト―より豊かな「つながり」を目ざして―　大城朋子／学校教育とカウンセリング　逸見敏郎／教育課程改革の動向と教育の課題―「総合的な学習の時間」導入の背景と意義―　三村和則／現代沖縄と教育基本法の精神―人権・平和・教育の課題への問い―　森田満夫／教師に求められる新たな人間観・教育観　玉城康雄／「生きる力」を培う開かれた教育　津留健二／総合学習と地理教育の役割―環境論的視点から―　小川護／沖縄の国語教育―作文教育の成果と課題―　渡辺春美／教育情報化への対応　吉田肇吾／情報教育の課題―有害情報問題をめぐって―　山口真也／平和教育の課題　安仁屋政昭／大学の現状と課題―大学の危機とポスト学歴主義―　阿波連正一／憲法・教育基本法の根本理念　垣花豊順／八重山の民話と教育　遠藤庄治／学校教育と地域社会教育の連携と教育の再興　大城保

12 自治の挑戦　これからの地域と行政
二〇〇三年発行　発売元・編集工房東洋企画　本体価格　一五〇〇円

地方分権と自治体の行政課題　前津榮健／国際政治のなかの沖縄　吉次公介／地方議会の現状と課題　照屋寛之／沖縄の基地問題　屋良朝博／市民によるまちづくり・ＮＰＯの挑戦　横山芳春／アメリカの自治に学ぶ　佐藤学／地方財政の現状と課題　前村昌健／沖縄の地方性と政治　西原森茂／政策評価とこれからの地方自治　佐藤学／八重山の自然環境と行政　西原森茂／今なぜ市町村合併か　照屋寛之／政治の中の自治と分権　井端正幸

13 様々な視点から学ぶ経済・経営・環境・情報　―新しい時代を生きるために―
二〇〇四年発行　発売元・編集工房東洋企画　本体価格　一五〇〇円

テーゲー経済学序説―環境・経済・豊かさを語る―　呉錫畢／キャッシュ・フロー情報の利用　鵜池幸雄／ＩＴ時代の情報管理モデル　砂川徹夫／食糧生産と地理学―米と小麦生産を中心に―　小川護／日本社会経済の再生―地域分権化・地域活性化・全国ネットワーク化―　大城保／長期不況と日本経済のゆくえ―構造改革路線を考える―　鎌田隆／タイの観光産業の現状とマーケティング活動　モンコノラキット・モンコン／久米島の環境　名城敏／ヨーロッパ公企業論―タバコ産業の場合―　村上了太／マーケティングの心とビジネス　宮森正樹／自動車システムから学ぶ人間の生き方　比嘉堅

地域を映す
沖縄国際大学公開講座

14 沖縄芸能の可能性

二〇〇五年発行　発売元・編集工房東洋企画　本体価格　一五〇〇円

国立劇場と沖縄芸能の可能性　大城學／琉球舞踊と玉城盛義　玉城節子／沖縄の民話と芸能　遠藤庄治／琉球芸能の可能性　狩俣恵一／沖縄芝居と沖縄方言　八木政男／琉歌を語る、歌う　島袋正雄／祭祀芸能の地理的基盤―本部町村落の景観変化―　崎浜靖／本土芸能と琉球芸能――覚書　葛綿正一／琉球舞踊と初代宮城能造　宮城能造／創作組踊の可能性――大城立裕の「新五番」　大野隆之／組踊、いまむかし　島袋光晴

15 基地をめぐる法と政治

二〇〇六年発行　発売元・編集工房東洋企画　本体価格　一五〇〇円

なぜ米軍は沖縄にとどまるのか　我部政明／米軍基地と日米地位協定　新垣勉／戦後沖縄の「保守」に関する基礎的考察　吉次公介／米軍再編と沖縄基地、普天間の行方は？　伊波洋一／米国の保守支配を考える　佐藤学／普天間飛行場跡地利用を考える　上江洲純子／軍事基地と環境問題　砂川かおり／基地と情報公開　前津榮健／米軍再編と沖縄　問われる発信力　松元剛／基地問題と報道　三上智恵／刑事法から見る「日米地位協定」　小西由浩／基地所在市町村における公共投資支出　平剛

16 グローバル時代における地域経済

二〇〇七年発行　発売元・編集工房東洋企画　本体価格　一五〇〇円

ベトナムに進出したウチナーンチュ企業　鎌田隆／二一世紀沖縄の社会経済の自立に向けて―道州制を展望する―　大城保／変革の時代における働き方―希望格差の拡大と働く意欲―　名嘉座元一／エジプトの観光経済―沖縄から考える―　村上了太／成長する中国の開発戦略　新垣勝弘／消費社会と政策―大量消費社会を展望する―　名城敏／フラワービジネスと企業戦略―わが国と中国を事例として―　小川護／ケルトの虎、アイルランド―アイルランドの経済・文化より沖縄の夢を語る―　呉錫畢／グローバル時代における地域経済―フラット化する世界とローカルな世界―　野崎四郎

17 生活目線のネットワーク社会「ゆんたく」de ＩＴとくらし

二〇〇八年発行　発売元・編集工房東洋企画　本体価格　一五〇〇円

ユビキタス社会における地域資源を活用した産業づくり　上地哲／情報化・ＩＴ化とディスクロージャー　清村英之／情報関連産業の集積と人的資源開発　兪炳強／建設業における原価企画の展開　木下和久／メディアとしてのブログ　大井肇／ウチナー社会にも押し寄せる情報化の波　伊波貢／ＩＴによる意思決定支援　平良直之／沖縄産マンゴーのブランド力強化と栽培履歴情報システムの普及要件　廣瀬牧人

地域を映す
沖縄国際大学公開講座

18 なかゆくい講座 元気が出るワークショップ

二〇〇九年発行 発売元・編集工房東洋企画 本体価格 一五〇〇円

逆ギレを防ぐ―相手を挑発をしないコツ― 山入端津由／フライングディスクで新たな感動と興奮のスポーツ発見！ 宮城勇／落ち着かない子ども達への対応ワークショップ～発達障害児をもつ保護者への心理教育アプローチから～ 知名孝／沖縄県におけるスクールソーシャルワーカー活用事業の実態―〝スクールソーシャルワーク元年〟にアンケート調査から見えてくるもの― 比嘉昌哉／子どもの社会性を育む遊びワークショップ―子どもSSTへの招待― 栄孝之／感覚であそぼ―知覚と錯覚の不思議体験― 前堂志乃／解決志向のセルフケア―不幸の渦に巻き込まれないコツ― 牛田洋一／心とからだとストレス―生活習慣病の予防としてのストレス管理― 上田幸彦／ユニバーサルスポーツ体験講座―車いすサッカーの魅力― 下地隆之／こころとからだのリラックス～動作法入門～ 平山篤史

19 うまんちゅ法律講座

二〇一〇年発行 発売元・編集工房東洋企画 本体価格 一五〇〇円

日本国憲法の原点を考える 井端正幸／裁判員制度について 吉井広幸・渡邉康年／刑事裁判の変貌 小西由浩／不況と派遣労働者 大山盛義／個人情報保護法制定の意義と概要 前津榮健／グレーゾーン金利廃止と多重債務問題 田中稔／会社法の課題 ―企業グループの運営における支配会社の責任 坂本達也／歴代那覇地裁・那覇家裁所長から裁判所行政を考える 西川伸一／日本の立法過程：政治学の観点から 芝田秀幹／郷土の法学者 佐喜眞興英の生涯 稲福日出夫

20 地域と環境ありりんくりん

二〇一一年発行 発売元・編集工房東洋企画 本体価格 一五〇〇円

新エネルギーとして導入が進む太陽光発電 新垣武／持続可能な観光と環境保全 上江洲薫／沖縄県における「基地外基地」問題について 友知政樹／沖縄ジュゴン訴訟 砂川かおり／地域の環境保全に活かされる金融 永田伊津子／島嶼型低炭素社会を探る 野崎四郎／沖縄本島と沖永良部島におけるキク類生産の現状と課題 小川護／観光を楽しむための情報技術 根路銘もえ子／沖縄の自然環境と環境問題 名城敏／コモンズ（入会）と持続可能な地域発展 呉錫畢

21 産業を取り巻く情報

二〇一二年発行 発売元・編集工房東洋企画 本体価格 一五〇〇円

銀行ATMの「こちら」と「むこう」 池宮城尚也／情報化と行政について 前村昌健／観光調査の情報分析と政策への提言 宮森正樹／パソコンや家電が身振り手振りで操作できる！ 小渡悟／情報を知識に変えるマネジメント 岩橋建治／海外市場における日本製娯楽ソフトの不正利用状況と消費メカニズム 原田優也／オリオンビールの新製品開発と原価企画 木下和久／県内企業と決算情報 河田賢一

22 世変わりの後で復帰40年を考える

二〇一三年発行 発売元・編集工房東洋企画 本体価格 一五〇〇円

島津侵入～近世琉球への模索～ 田名真之／琉球処分 赤嶺守／沖縄戦 ― 壊滅から復興へ 吉浜忍／占領という「世変わり」と自治の模索 鳥山淳／沖縄の開発と環境保護 宮城邦治／文化財行政、世界遺産 上原靜／沖縄の生殖・家族とジェンダー 澤田佳世／民俗宗教と地域社会 信仰世界の変容 稲福みき子／記憶と継承 記憶・保存・活用 藤波潔／先住民族運動と琉球・沖縄 石垣直

地域を映す
沖縄国際大学公開講座

23 自治体改革の今　沖縄の事例を中心にして

二〇一四年発行　発売元・編集工房東洋企画　本体価格　一五〇〇円

沖縄の発展可能性と戦略　富川盛武／琉球政府と沖縄県―権力移行期における「議会」の比較―　黒柳保則／市町村合併と自治体改革　古謝景春／那覇市繁多川公民館の試みから　大城喜江子・南信乃介／中核市・那覇の未来を拓く　翁長雄志／地方制度改革の現状　佐藤学／議会改革の現状と課題―アンケート調査結果を中心に―　前津榮健／行政評価と自治体財政　平剛／国と地方のあり方～地方分権改革の視点から～　照屋寛之

24 沖縄を取り巻く経済状況

二〇一五年発行　発売元・編集工房東洋企画　本体価格　一五〇〇円

横断的問題解決手法　浦本寛史／沖縄経済論―二つの陥穽について―　宮城和宏／沖縄の雇用労働問題―中小企業イコールブラック企業か―　名嘉座元一／沖縄経済と観光　湧上敦夫／沖縄の基地経済～課題と展望～　前泊博盛／大学の社会的責任―経済性と社会性に関する非営利組織論的アプローチ―　村上了太／アブダクションを用いた製品設計のための方法論の検討―沖縄における創造性―　金城敬太／地域資産としての沖縄の文化的景観　崎浜靖／沖縄における金融状況　安藤由美／沖縄における交通産業の生成と発展　梅井道生

25 産業情報学への招待

二〇一六年発行　発売元・編集工房東洋企画　本体価格　一五〇〇円

観光資源未開発地域の活性化に関する一考察　宮森正樹／沖縄県財政の特徴―類似県との比較を通じて―　仲地健／沖縄県におけるスポーツの果たす可能性を探る　慶田花英太／沖縄県におけるIT人材育成の課題と方途　砂川徹夫／クルーズ客船の経済学　田口順等／アジア新中間層における日本エンターテインメントの消費行動　原田優也／沖縄県における六次産業化の現状について　高嶺直／地域経済からみる中国国際貿易市場　佐久本朝一／人工知能見聞録　曹真

26 しまくとぅばルネサンス

二〇一七年発行　発売元・編集工房東洋企画　本体価格　一五〇〇円

琉球文とシマ言葉　狩俣恵一／しまくとぅばと学校教育　田場裕規／ベッテルハイムと『英琉辞書』漢語　兼本敏／沖縄を描く言葉の探求　村上陽子／崎山多美の文体戦略　黒澤亜里子／香港における言語状況　李イニッド／琉球語の表記について　仲原穣／琉球民謡に見るしまくとぅばの表現　西岡敏／「しまくとぅば」の現状と保存・継承の取り組み　中本謙／南琉球におけるしまくとぅばの現状　下地賀代子／「うちなーやまとぅぐち」から「しまくとぅばルネッサンス」を考える　大城朋子／現代台湾における原住民族語復興への取り組み　石垣直／なぜ琉球方言を研究するか　狩俣繁久

地域を映す
沖縄国際大学公開講座

27 法と政治の諸相　二〇一八年発行　発売元・編集工房東洋企画　本体価格　一五〇〇円

子どもの人権と沖縄の子どもの現状　横江崇／労働者に関する法と手続～よりよい労働紛争の解決システムを考える～　上江洲純子／外国軍事基地の国際法と人権　新倉修／学校と人権—校則と人権のこれまでとこれから—　安原陽平／高校生の「政治活動の自由」の現在　城野一憲／沖縄の経済政策と法　伊達竜太郎／弁護士費用補償特約について　清水太郎／消費者と法　山下良／子ども食堂の現状と課題（講演録）　スミス美咲／海兵隊の沖縄駐留の史的展開—一九五〇年代と一九七〇年代を中心に—　野添文彬／市町村合併の自治体財政への影響—沖縄県内の合併を事例に—　平剛

28 変わる沖縄　二〇一九年発行　発売元・編集工房東洋企画　本体価格　一五〇〇円

沖縄経済と米軍基地～基地経済の政府の沖縄振興の検証　前泊博盛／島嶼村落における時間割引率による環境配慮行動の違い　渡久地朝央／観光地の活性化と観光関連税　上江洲薫／沖縄から全ての「基地」と「補助金」が無くなったら沖縄経済はどうなるのか？—全基地撤去及び全補助金撤廃後の沖縄経済に関する一考察—　友知政樹／フランスの沖縄?!～ブルターニュ地方が喚起させるもの～　上江洲律子／ＡＲ活用による地域活性化の可能性　根路銘もえ子／沖縄農業におけるマンゴー生産の地域特性とその認識度—豊見城市を事例として—　小川護／遺伝子配列から解き明かす沖縄の生物多様性　齋藤星耕／金融で変える地域経済　島袋伊津子／あんやたん！沖縄の貝～貝類利用の移り変わり～　山川彩子／湿地の保全とワイズユースについて—沖縄市泡瀬干潟と香港湿地公園を事例として—　砂川かおり／干潟における環境と地域発展～沖縄、日本、韓国を事例として～　呉錫畢

29 産業と情報の科学　二〇二〇年発行　発売元・編集工房東洋企画　本体価格　一五〇〇円

ゲームを活用した観光振興—eスポーツ・位置情報ゲーム—　小渡悟／沖縄県における中心市街地活性化の現状と課題　—商業と観光の両面から—　髭白晃宜／タイの近代的小売業の発展におけるセブンイレブンのビジネス展開　原田優也／初等教育におけるプログラミング教育の動向　平良直之／観光産業における観光ブランド構築の意味　李相典／沖縄県におけるスポーツツーリズム再考　慶田花英太／ウェブテクノロジーとビッグデータが未来を変える　安里肇／ハワイの観光促進戦略「ＨＴＡ戦略プラン二〇一六—二〇二〇」から学ぶ　沖縄観光の進む道　宮森正樹／沖縄県内主要企業の盛衰　岩橋建治／コンピュータ技術の発展と可能性　大山健治

地域を映す
沖縄国際大学公開講座

30 ボーダレス・ダイバーシティ社会に向けて　二〇二一年発行　発売元・編集工房東洋企画　本体価格　一五〇〇円

多言語景観から見るマルチリンガリズムの包括性と排他性　李イニッド／多文化共生社会における持続可能なコミュニティ通訳翻訳に向けて—沖縄の現状と課題—　井上泉／「世界は舞台」—シェイクスピア作品に描かれる流動化社会の様態—　西原幹子／しまくとぅばがオンラインで学べるために　西岡敏／西欧と日本における〈日本〉のイメージ—〈とざされた世界〉をめぐる近代から現代の議論—　岡野薫／多文化化する沖縄社会　崎濱佳代／ダイバーシティ社会に向けて～ろう者の手話言語獲得の歩から考える～　岩田直子／日本語教師の専門性はどこにあるのか—多文化共生の推進に向けて考える—　奥山貴之／琉球諸語の語学教育—ポリノミックモデルを応用して—　ハイス・ファン＝デル＝ルベ

31 人権2021　二〇二二年発行　発売元・編集工房東洋企画　本体価格　一五〇〇円

生存権保障の今日的意義—生活保護の保護基準引き下げをめぐる裁判例の検討　井村真己／学習権の保障と教育の自由—教育施策の歴史的変遷を辿って—　野見収／SDGs／ESG時代における企業法と沖縄経済特区　伊達竜太郎／同性パートナーシップ制度・同性婚と生命保険　清水太郎／チビチリガマと子どもの人権の〝間〟　小西由浩／新型コロナウイルス禍と人権　西迫大祐／人権の国際的な保障　比屋定泰治／屋良朝苗と復帰運動　野添文彬／司法へのアクセス権の保障と人権—民事裁判のIT化がもたらすもの—　上江洲純子／動物倫理をめぐる三つの立場—種差別批判とその問題点—　村井忠康

32 「復帰」50年と沖縄経済　二〇二三年発行　発売元・編集工房東洋企画　本体価格　一七〇〇円

沖縄振興の50年　宮城和宏／復帰後50年　県民は幸せになったのか—県民生活の変化、幸福度、経済の自立化—　名嘉座元一／沖縄振興予算の経済効果　比嘉正茂／沖縄経済における観光産業の貢献と課題　鹿毛理恵／沖縄県における株式の変遷　安藤由美／沖縄財政の50年　高哲央／データサイエンスで見た復帰50年　大城絢子／沖縄の学校教育—これまでの50年、これからの50年—　照屋翔大／賃金を経済思想史から考える—沖縄県の賃金の推移—　吉原千鶴／歴史を学ぶこと・問うこと—琉球・沖縄史の展望—　小濱武

地域を映す
沖縄国際大学公開講座

沖国大ブックレット　A5版

1 アメリカの大学と少数民族そして沖縄
ハワイ国際大学学長　崎原貢　著
一九九六年発行　発売元・那覇出版社　本体価格四八五円

2 21世紀への私立大学の課題
早稲田大学総長　奥島孝康　著
一九九六年発行　発売元・ボーダーインク　本体価格四八五円

3 琉球王国と蝦夷地
札幌学院大学法学部教授　山畠正男　著
一九九八年発行　発売元・編集工房東洋企画　本体価格四八五円

4 多数派と少数派、民主主義の意味
インド・政策研究センター教授　桜美林大学客員教授　ラジモハン・ガンディー　著
一九九八年発行　発売元・編集工房東洋企画　本体価格五〇〇円

5 思考方法としての写真
写真家／プランナー　勇崎哲史　著
一九九九年発行　発売元・編集工房東洋企画　本体価格五〇〇円

6 東アジアにおける沖縄民俗の地位
創価大学文学部特任教授　竹田旦　著
二〇〇〇年発行　発売元・ボーダーインク　本体価格五〇〇円

7 21世紀・社会福祉の展望
日本社会事業大学教授・日本社会福祉学会会長　大橋謙策　著
二〇〇一年発行　発売元・ボーダーインク　本体価格五〇〇円

8 タクラマカン砂漠と住民生活
立正大学副学長・立正大学地球環境科学部教授・文学博士　澤田裕之　著
二〇〇一年発行　発売元・編集工房東洋企画　本体価格五〇〇円

地域を映す
沖縄国際大学公開講座

9 沖縄と世界の海の神話／西洋の海の神話
学習院大学教授・同大学文学部長　吉田敦彦　著／フランス・グルノーブル第三大学教授・同大学想像性研究所所長　フィリップ・ワルテル　著
二〇〇二年発行　発売元・編集工房東洋企画　本体価格五〇〇円

10 21世紀における大学教育
札幌学院大学教務部長　廣川和市、名城大学学長　網中政機、京都学園大学人間文化学部長（次期学長）海原徹、桜美林大学学長　佐藤東洋士、熊本学園大学理事・事務局長　目黒純一、沖縄国際大学理事長・学長　波平勇夫　著
二〇〇三年発行　発売元・編集工房東洋企画　本体価格五〇〇円

11 個人のライフスタイルとコミュニティーの自立
心理学者　ジル・ジョーダン　著
二〇〇三年発行　発売元・編集工房東洋企画　本体価格五〇〇円

12 グローバリゼーションの中の沖縄
沖縄国際大学理事長・学長　波平勇夫、イリノイ大学名誉教授　コージ・タイラ、静岡県立大学教授　伊豆見元、宜野湾市長　伊波洋一、フランス国立科学研究センター研究主任・社会科学高等研究院日本研究所所長　パトリック・ベイヴェール、翰林大学校教授・日本学研究所所長　池明観　著
二〇〇四年発行　発売元・編集工房東洋企画　本体価格五〇〇円

13 元米海兵隊員の語る戦争と平和
アレン・ネルソン　著
二〇〇六年発行　発売元・編集工房東洋企画　本体価格五〇〇円

14 インドの生命科学　アーユルヴェーダに学ぶ、真の沖縄の健康づくり
クリシュナ・ウパディヤヤ・カリンジェ　著
二〇〇九年発行　発売元・編集工房東洋企画　本体価格五〇〇円

15 「復帰」50年とこれからの沖縄経済―地域とともに沖縄の未来を考える―
沖縄国際大学経済学部教授　宮城和宏、比嘉正茂、名嘉座元一、那覇空港ビルディング株式会社代表取締役社長　安里昌利、沖縄国際大学経済学部長・教授　村上了太　著
二〇二三年発行　発売元・編集工房東洋企画　本体価格七〇〇円